Writers from Across the World
La Ninfa Eco

Vol 1. Works (2020-2023)

Prólogo

Estimado lector,

En esta antología se recoge una amplia selección de obras escritas por distintos autores pertenecientes a la organización literaria internacional *La Ninfa Eco* entre los difíciles años 2020 y 2023. Escritas y editadas desde puntos distantes del globo como Latinoamérica, Europa, Estados Unidos, Reino Unido, y Asia. Con edades comprendidas entre los 12 y 75 años, y en distintos idiomas, predominantemente español e inglés.

La Ninfa Eco es una organización literaria que tiene como misión valorar el trabajo creativo de artistas con diferencias geográficas, socioeconómicas, lingüísticas, culturales, profesionales y personales (entre muchas otras). No busca homogeneizar, pero sí integrar distintas realidades y quebrar con las limitaciones que afectan a la producción literaria, reducir la competitividad (en términos de competición) y crear un ambiente que estimule el compañerismo y la unión.

En *La Ninfa Eco* la palabra escrita y la hablada tienen el mismo peso. Por ello creemos que es importante apostar por un ambiente de trabajo conjunto, con respeto y entendimiento de los distintos procesos personales y grupales que atraviesan hoy a nuestros escritores y artistas de cualquier disciplina.

La Ninfa Eco nació en el 2017 como un podcast, con la intención de dar visibilidad a escritores de distintos países, unidos por el interés en la actividad creativa. Con el tiempo se formalizó un grupo de escritores, y más tarde el proyecto derivó en la creación de una revista. A día de hoy, superando etapas, hemos conformado una gran organización internacional que se encuentra dividida en La Ninfa Eco Latinoamérica y España, La Ninfa Eco UK, La Ninfa Eco USA, y La Ninfa Eco Deutschland. También hemos colaborado con editoriales y organizaciones de renombre. Por nuestra organización han pasado escritores de todos los países y con distintas experiencias profesionales, desde algunos muy reconocidos como Isabel Allende o Samantha Schweblin, hasta escritores principiantes, en situación de calle o artistas de otras disciplinas intentando experimentar en la escritura.

En esta antología se han recogido textos realizados en el período pospandemia. Trabajos realizados expresamente para la ocasión; poemas y microrrelatos de los escritores jóvenes seleccionados a través de nuestra convocatoria realizada durante el 2022; una antología de poemas sobre Argentina realizada por autores, en su mayoría no argentinos; y también poemas de autores que han participado de algunos de nuestros talleres. Esta antología es un trabajo grupal generado con un gran esfuerzo, y de manera voluntaria y colectiva. Es el primer libro de nuestra organización, por lo tanto, esperamos que abra paso a un nuevo camino de posibilidades. Nuestra labor constante durante estos años ayudó a dar visibilidad y difusión a la obra de escritores de todo el mundo. Recibimos el apoyo y la colaboración de entes externos.

Como organización, estamos profundamente agradecidos a toda la comunidad de artistas y escritores que son parte de esta familia que apuesta por la creación.

Finalmente, estimado lector, en sus manos se encuentra un puñado de palabras, pero no son meras palabras, el trabajo y el peso que llevan detrás es inconmensurable y eterno. Nuestro deseo más profundo es que pueda disfrutar de este libro de la misma manera que nosotros disfrutamos produciéndolo.

Sin más,

El equipo de La Ninfa Eco.

Prologue

Dear reader,

This anthology brings together a wide selection of works written by different authors belonging to the international literary organisation La Ninfa Eco between the challenging years 2020 and 2023. Written and edited from distant points of the globe such as Latin America, Europe, the United States, the United Kingdom, and Asia. Ranging in age from 12 to 75, and in different languages, predominantly Spanish and English.

La Ninfa Eco is a literary organisation whose mission is to value the creative work of artists with geographical, socio-economic, linguistic, cultural, professional and personal differences (among many others). It does not seek to homogenise, but to integrate different realities and break down the limitations that affect literary production, reduce competitiveness (in terms of competition) and create an environment that stimulates companionship and union.

At La Ninfa Eco, the written and spoken word have the same weight. That is why we believe that it is important to bet on an atmosphere of joint work, with respect and understanding of the different personal and group processes that our writers and artists of any discipline go through today.

La Ninfa Eco was born in 2017 as a podcast, with the intention of giving visibility to writers from different countries, united by their interest in creative activity. Over time, a group of writers was formalised, and later the project evolved into the creation of a magazine. Today, overcoming stages, we have formed a large international organisation that is divided into La Ninfa Eco Latin America and Spain, La Ninfa Eco UK, La Ninfa Eco USA, and La Ninfa Eco Deutschland. We have also collaborated with renowned publishers and organisations. Writers from all countries and with different professional experiences have passed through our organisation, from some very well known writers such as Isabel Allende or Samantha Schweblin, to beginners, street writers or artists from other disciplines trying to experiment with writing.

This anthology includes texts written in the post-pandemic period. Works made specifically for the occasion; poems and micro-stories by young writers selected through our call for entries in 2022; an anthology of poems about Argentina by authors, mostly non-Argentine; and also poems by authors who have participated in some of our workshops. This anthology is a group work generated with great effort, and in a voluntary and collective way. It is the first book of our organisation, so we hope that it will open a new path of possibilities.

Our constant work over the years has helped to give visibility and dissemination to the work of writers from all over the world. We have received support and collaboration from external bodies. As an organisation, we are deeply grateful to the entire community of artists.

Índice / Table of Contents

Coronavirus: leer y escribir en tiempos de cuarentena (2020).

De Gaby Sambuccetti

Hace unas semanas se desató en el mundo una pandemia inesperada que desestabilizó las economías y nuestros cuerpos. Como poeta, mi trabajo es también poner un grano de arena y hablar del coronavirus desde el entrelazado mundo de las letras y las emociones.

Cuando todo parecía mejorar y el sol finalmente parecía volver a salir, el coronavirus (que hasta ese entonces era un mito oriental lejano) empezaba a tener un color cada vez más vivo. Ya no era solo Wuhan, ahora era también el norte de Italia. España. Europa en crisis. Más tarde, el resto del mundo y la palabra pandemia, que se parece a pánico y paranoia (y no sólo por cuestiones de morfosintaxis) se instaló con fuerza hipocondríaca y narcisista.

De golpe, al encierro se le sumó más encierro. Horas y horas leyendo, meditando, hablando por teléfono, regando las plantas, editando notas, escuchando música, viendo las noticias.

Así, me detengo a leer un poema de Ted Hughes que me pasó mi amigo Russell, *'Examination at the Womb Door'*, en el cual la voz poética pregunta:

''¿A quién le pertenecen estos pulmones que no cesan de

trabajar?
A la muerte [...]

¿y esta sangre desordenada?
A la muerte [...]

¿Y quién es más fuerte que la muerte?
Yo, evidentemente.
Adiós, cuervo ".

Me pregunto si el ser humano es la reiteración constante de esa profunda arrogancia.

Estas semanas fui notando, con mayor frecuencia, que todas las publicacionesególatras de las redes fueron bajando, dándole más y más lugar al interés colectivo. En algunos lugares aparecieron voluntarios y sus antagonistas irresponsables, las nociones de comunidad se fortalecieron y debilitaron. Ahora la noticia es que llega una caja de mascarillas y tests de China a Italia y dice: "Somos olas en el mismo mar, hojas del mismo árbol, flores del mismo jardín". Pienso en todas las pestes que se vivieron en la Edad Media y cómo nuestra posmodernidad capitalista nos hizo perder las nociones de comunidad. Mi amiga Michelle comparte una guía titulada "Advice from the 14th century" [Información disponible del siglo XIV]. Aquel fue un siglo marcado por plagas, pestes y guerras. Los consejos empiezan como sigue: "Prescription for an epidemic: A good dose of "narrative prophylaxis". That meant protecting yourself with stories" [Receta médica para una epidemia: una buena dosis de "narrativa profiláctica. Protegiéndote con historias"].

En contraposición, las clases económicas más vulnerables no pueden darse el lujo de una cuarentena placentera leyendo como sugieren esos tiempos. El sistema económico actual no puede confrontar una peste de la misma manera. Vienen a mi mente las palabras de una profesora de sociología que conocí: "En estos tiempos, cuando la electricidad se corta en todo un vecindario, solo en ese momento, recordamos que existe una comunidad". En la crisis, se eleva del barro la noción de comunidad y empieza a desdibujarse la noción de individualismo.

Por un lado, tenemos que ser fuertes para hacerle frente a la muerte como si fuera la Tercera Guerra Mundial. Por otro lado, recibimos educación de preescolar a través de los medios de masas cuando nos indican cómo lavarnos las manos. Alguien en redes publica a modo de chiste: "Quiero ayudar, pero soy profesor de literatura y mi carrera no sirve para nada". Desde mi perspectiva, se equivoca profundamente. En estos tiempos la comprensión lectora lo es todo. Como en casi todas las situaciones desfavorables, son los que más leen y se informan, los menos confundidos y manipulados.

Puede que sea hora de que la sociedad reevalúe sus prioridades. Parecería que ahora las luchas presupuestarias de nuestros investigadores, médicos y docentes valen la pena; mientras que hace meses esto parecía simplemente una realidad utópica y muerta que a nadie le importaba porque la atención estaba puesta en los *influencers* y los *stats* de nuestros negocios y ajenos. Ahora las mediciones de *likes* parecen *demodé* porque cuando hierven las papas, las prioridades se establecen como por arte de magia. La frase que siempre me repite mi amiga Tuti, ahora brilla como nunca: "Deja que el carro ande, que los limones se acomodan solos". Ahora todos quieren escuchar a médicos e investigadores que usualmente carecen de interés público.

Para un escritor hacer cuarentena es fácil y hasta disfrutable: leer, escribir, imaginar situaciones en soledad. En este periodo, me llega un corto del poeta Emanuel Brunella, llamado '*El corto de la vida*', en el que busca responder a la pregunta: "¿Qué es la vida?" Tan sólo cuatro palabras, pero que casi nadie se las cuestiona si no es en soledad, y que tiene tantas respuestas como personas en la Tierra. En esa búsqueda, algo resuena: este corto llega a mis manos en momentos en los cuales la histeria colectiva busca aferrarse a ese algo que no tiene respuesta, ese misterio personal que tiene casa en nuestro cuerpo.

Como en '*Aplastamiento de las gotas*' de Cortázar, que habla de una gotita de lluvia aferrada con las uñas al vidrio, sin querer soltarse. Así jugamos todos con eso que no entendemos.

Vuelvo a las lecturas de la cuarentena, pero las interrumpo porque en estos tiempos casi nadie lee de corrido. En mi barrio se están peleando por un papel higiénico, por un alcohol en gel; hay un tipo tomando *crack* en la puerta de mi casa, la policía lo está mirando y no creo que el coronavirus sea su máxima preocupación en este momento. La vida parece seguir su curso normal, pero eso es solo en apariencia. A raíz de lo que estamos viviendo somos menos que hormigas desconcertadas ante un ataque de agua caliente.

En dos semanas el mundo entero se paralizó. No tienen soluciones en los parlamentos, ni en los hospitales, no las tiene tu familia, ni tus amigos. Se puede saborear el caos y el vértigo sin demasiado esfuerzo. Para los escritores el caos no es fácil. La ansiedad nos carcome como una sustancia corrosiva.

Mientras miro mi persiana azul, pienso en la originalidad de este momento. Alguien más va a leer este momento. Escucho a los *Red Hot Chili Peppers*, sola, ausente:

"The world I love
The tears I drop
To be part of
The wave, can't stop
Ever wonder if it's all for you?"

Nadie sabe que estoy tirada al lado de una ventana. Nadie en mi barrio se imagina que hay una latina escribiendo un guion en español para tratar de derribar los muros de este encierro. Me pregunto si es como dicen los *Red Hot*, si el mundo que amamos y las lágrimas que derramamos son para los otros.

La palabra 'cuarentena' no me desespera: llevo, en realidad, una vida de cuarentenas. Por el contrario, me tranquiliza. La histeria colectiva sí que me desespera.

Me pregunto: ¿Por qué insistimos con esa fe en un mundo que va más rápido que nuestras emociones? Boris Johnson dice en la televisión que nuestros seres queridos van a desaparecer en breve y no podemos hacer nada al respecto. Nos deja peor, pero nadie espera un discurso reconfortante. Ahora dos médicos se pelean en pantalla, uno dice que contagiarnos es una bendición para nuestra inmunidad, otro dice que es una desgracia para el sistema hospitalario. El mundo va rápido, la economía no nos espera.

Aunque muchos estén paranoicos y desesperados por un virus, cuando votan eligen gobiernos que siempre privilegian la moneda frente a la ética. La moneda no puede hacerle frente a cualquier caos, es solo un vil metal desalmado. Nuestros hospitales pertenecen a los gobiernos e instituciones de turno. Cuando un hospital colapsa, hubo un cheque que nunca llegó. Lo desesperante no es la pandemia, son nuestros representantes. Pocos desafían los gobiernos, las instituciones, los derechos de los animales, de las tierras, de nuestras vidas. Todo está en manos de nuestra frágil pasividad.

El mundo está destruido, todos sabemos que no falta tanto para que cosas más graves sucedan. Pero seguimos desayunando y nos ponemos serios con qué tipo de tostadas y café queremos. Algunos no quieren ver más allá de la pandemia.

Algunos no pueden usar la cuarentena para reflexionar. Estar sola en casa otra vez me recuerda mi humanidad. Me recuerda que el cuerpo es un milagro, pero que enferma. Y que las palabras me salvan cuando estoy desconectada de los demás.

Aunque todo se diluye como en un océano de reiteración y paranoia mediática, en las aguas de la irracionalidad humana que no puede enfriarse y ver los datos con claridad, las palabras en algún punto se conectan. Cuando lo hacen, algo se construye.

Me pregunto cuántos más escritores y lectores desconectados están hoy leyendo esto. Buscando la belleza en la unión de las palabras, buscando armonía al conectar las letras como un puzzle indescifrable de otro ser que abre los sentidos para entender al mundo. Como si cada palabra nueva formara un nuevo comienzo. Como si trajera la superación del estrés, la identificación y ese querer romper el vacío con las manos.

Me aferro a mi cama, me aferro a la vida. Escribo para olvidarme de la cuarentena. Escribo para olvidarme que hay gente muriendo en este mismo momento por miles de causas evitables.
Me acuerdo de la gente que perdí. Me los imagino pereciendo en un hospital sin provisiones, sin oxígeno o

sin capacidad para atenderlos. Pienso en mi incapacidad para cambiar el rumbo de los hechos. Pienso en la incapacidad de toda la gente que conozco ante cualquier adversidad natural. Miro todo pasar desde mi ventana, pero el dolor de la muerte la atraviesa como los rayos de la luna y la humedad de la niebla. Mis manos están frías y mi cara pálida. La falta de sol y un virus originado, dicen, por murciélagos, hacen de este invierno, el invierno más gótico de mi vida.

Me pregunto por qué los lectores compran libros caros y celebran artistas celebrados. Me pregunto por qué le tienen miedo a la verdad y buscan maquillarla como a una modelo en una pasarela sin final. Buscan que la vida sea una vida modelo, pero eso no existe, como no existen las modelos: nadie es bello todo el tiempo. La realidad tampoco.

Esto es una pandemia. La realidad es así. Para la gran mayoría es solo una gripe pasajera, para otros, en un porcentaje mucho menor, la muerte. Busquemos cooperar para que aquellos que realmente van a pasar un mal momento sean los menos posibles. Busquemos embellecer la muerte con palabras. Disfrutemos de la cuarentena como una pareja disfuncional, teniendo sexo con los pensamientos vendados.

Mañana va a ser otro día más, voy a esperar que nadie muera, como hacen todos los demás. Vamos a esperar que estos cuerpos resistan, una vez más.

Cuando haya algo de tiempo, le pediremos un perdón colectivo a nuestra materia. Cuando pase el temblor, nos replantearemos la vida, la muerte y la sociedad. Quizás ese sea el regalo que nos deje esta cuarentena: un nuevo despertar de la conciencia.

CORONARANT.

By David Lee Morgan

The virus is real
The danger is real
The need for isolation is real
More deadly than the average flu
But a lot less lethal than SARS or Ebola
Corona is the perfect mix of innocence and murder

Yes, fight the billionaire bailouts
Yes, fight the fascist controls
Creeping in hidden under a viral cloud
But denying reality
Does not make the fight stronger
Denying reality doesn't work
Because reality bites back
It always bites back
You know why?
Because it's reality
Did you think we could rape the earth for 200 years
And there would be no consequences?
The virus is the earth biting back

Fuck your 5g conspiracies
Fuck your lizard fantasies
And fuck your anti-vax, anti-science bullshit
Yes, there are conspiracies

Yes, there are conspirators
But they are not lizards
They are not Illuminati
And they are not fucking gods
They are mean little bastards
Who have money and power
They are riding on top
Riding on the back of the tiger
But guess what
They are not the tiger
They are terrified of the tiger
You know why?
Because we are the tiger
We are the dumb beast that carries them
It is our ignorance that gives them power
In the days of slavery
The penalty for learning to read was death
Nowadays

The penalty for not learning to read is death
And not just our own personal demise
But the end of our entire civilisation
Maybe the end of all human life
Science
Is about learning to read
How do things move?
How do they change?
How do we grab hold of the complex contradictions
That make up the modern world
And channel them in the direction of human
liberation?
Fairy tales about evil wizards
However true they may be
Are not enough
Worse
They blind us to the reality underneath

The virus
Is a tiny little beast
But armed with ignorance
It can take down tigers
Learn to read

Escombros.

De José Luis Pizzi

Por fin termina la incertidumbre, no sé cuántos años pasaron desde que la anunciaron.

Parece que la pandemia ha remitido y se puede vivir y convivir. Noche cerrada, salgo a caminar. Mi vecino y sus dos perros dogos ya habían hecho un trecho cuando los alcancé. Sonreí al llegar a su altura y le pregunté:

—¿Qué haces a estas horas en la calle?

—No puedo dormir.

Sin embargo, se le veía cansado y su sonrisa era un poco forzada. Evitaba mirarme, como si le diese vergüenza reconocer que lo sorprendiese en flagrante delito de insomnio.

—Yo tampoco tengo sueño. Ni ganas de volver a casa. ¿Damos un paseo juntos? —propuse.

—¿Hasta dónde?

—Me da igual, llevo tanto tiempo encerrado…

Anduvimos los primeros pasos en silencio, levemente incómodos, pero poco a poco nos lanzamos a un auténtico recorrido por todo el barrio, baldosa por baldosa, adoquín por adoquín.

—Me acuerdo de ese almacén. Una vez escondimos de la cana al dueño del bar de abajo. Éramos aún jóvenes, no sé qué nos imaginábamos, que era un superhéroe o algo así…

Era el almacén del Turco, ¿te acordás de él?

—No, creo que no.

Y seguimos caminando hacia el norte, presos de un ataque de nostalgia, señalando todas las ventanas.

—¿Te acordás de la chica que vivía en el quinto?

—Su departamento era una auténtica pocilga. Y eso que la piba tenía guita; recuerdo que en una fiesta que dio había gramos y gramos de cocaína.

—Me extraña que tuviese plata. Si no recuerdo mal, sus padres vivían de subsidios.

—Y luego se pegó un tiro.

—Sí. El estar aislada le vino muy mal, solo iba hasta el súper o a la farmacia, a buscar paracetamol. Lo del tiro no me extrañó nada.

Caminamos así durante 35 minutos, sin siquiera darnos cuenta, mientras los dogos olisqueaban las paredes incansables. Y por primera vez en muchos días sentí que había vivido ahí, sentí lo que habíamos perdido: en este momento aquella ciudad pertenecía a otros…Y dejaba que actuaran a su antojo y les entregaba sus casas. Siempre lasciva y consentidora. Vendida al mejor postor. Seguía pareciéndome hermosa, pero ahora también me causaba tristeza. Ni participando del todo ni del todo reacia. Y siempre muy hermosa. Algo había acabado y no era solo el bicho.

Justo en aquel momento miré a mi vecino y vi en su rostro una tristeza insondable, y que estaba hecho polvo y se sentía perdido. Y yo no tenía nada que ofrecerle, ni una sola palabra de consuelo ni una sola mentira divertida. Al fin llegamos al parque. No supimos qué decirnos. Los escombros seguían allí, aún no los habían retirado. En la pared de al lado todavía quedaban dos trozos intactos de lo que pintó mi vecino: Unos retratos de "Alma" y "Diego" (sus dogos), en colores ahumados. Los perros se metieron a husmear, y mi vecino los llamó porque allí dentro podían hacerse daño. Aquello puso punto final al paseo. La noche se volvía gris, amanecía.

—Volvamos —propuse.

Entramos al edificio y al decirnos adiós nos abrazamos, pero de verdad, como antes, como si fuéramos parientes y lloráramos desconsolados la misma muerte.

Los dogos, hartos de esperar delante de la puerta desde que llegamos, se pusieron a ladrar. Nos separamos, nos deseamos un buen día y cada cual se fue por su lado.

No Country for Old Men.

De Enrique Bernales Albites

Compared to what? The bubonic plague?

I

What's the most you ever lost on a coin toss?

El pasado 5 de marzo mi buen amigo Michael, de
Missouri, me invitó a la presentación de Javier Bardem en
el marco del *Boulder Film Festival.* Estaba nevando en las
montañas, así que por un momento dudé en ir. Finalmente
me animé y me lancé a la ruta. Justo ese fin de semana
el estado de Colorado había levantado la obligatoriedad
del uso de barbijos. Igual yo seguía usando el mío,
aunque no necesariamente porque siguiera practicando el
autocuidado. Honestamente no sé qué era, pienso que me
había acostumbrado a él. El barbijo era mi mejor amigo
como antes lo eran los perros y los gatos.

Aparqué en el estacionamiento público de la ciudad que,
por cierto, los fines de semana es gratuito, y esperé a
Michael en un café para recoger las entradas. Era el único
con barbijo. Por su parte, la masa disfrutaba del café con
la satisfacción de sentir que la pandemia había quedado
atrás. Pero, ¿había quedado atrás?.
Al llegar Michael fuimos por las entradas. Había que

recogerlas en una oficina amplia en la misma *Pearl Avenue*, plena de voluntarios, el gran deporte americano. Primero, certificaron que estábamos completamente vacunados con nuestro pasaporte sanitario, luego nos colocaron un brazalete, como los que se usan para demostrar que se tiene edad para tomar bebidas alcohólicas. Al salir nos regalaron sendos recuerdos del festival y algunos snacks. Michael y yo guardamos muchos de ellos, muchos, para el camino. Regresamos a la fila fuera del teatro, ya había una buena cantidad de personas delante nuestro. Boulder es muy blanco y mayormente compuesto de una población muy privilegiada y progresista. Esa mañana, con nieve, no fue la excepción. Aún no podíamos entrar. Había que esperar hasta que llegara Javier Bardem y saludara al público.

Finalmente, llegó el reconocido actor español y pudimos ingresar al teatro. Los periodistas le preguntaron por la guerra en Ucrania y él raudamente, respondió que apoyaba la paz en esa región del mundo. En el interior del teatro había más personas con barbijo, felizmente.

Me quedaron muchas cosas dando vueltas en la cabeza acerca de la presentación de Bardem. Rescato principalmente dos de ellas. La primera, que no todos los niños encuentran su lugar en la escuela, que no todos los niños son iguales y necesitan un espacio creativo que difiere del aparato represivo, propio del sistema escolar. La segunda, que el personaje que le permitió ganar el Oscar, Anton Chigurh, de *No Country For Old Men* (2007), película dirigida por los hermanos Coen, no era la representación del mal, sino de la violencia pura. Esto, tal vez, no lo comprenden bien los estadounidenses acostumbrados a no cuestionar las causas más profundas de la violencia en su sociedad.

II

La pandemia nos encontró en marzo de 2020 como objetos de una violencia pura, sin libertad y sometidos a un orden absoluto, todopoderoso. Se vivía con miedo, con terror diario, tal vez pensando que cada día era único y que en cualquier momento podríamos ser poseídos por la violencia pura del virus.

Anton Chigurh nos espera al otro lado de la entrada del teatro de la vida para liberarnos de su peso, de la responsabilidad y el aburrimiento de ésta. Anton Chigurh es el virus: la violencia en estado puro como la guerra que nos devora por dentro.

Fuimos por pizza y cervezas. Era la primera vez desde que se inició la pandemia que
compartía con tanta gente en un mismo espacio. Me sentía extraño, terriblemente extraño. Llenos de obsecuencia, los seres humanos queríamos replicar el orden anterior a la pandemia, pero ya nada era igual. Mucha muerte y fuego nos había atravesado para simplemente apostar por un regreso ciego a un mundo anterior, que a su manera detestaba, y también extrañaba.

¿Habíamos vencido a la pandemia? ¿Estábamos listos para una nueva calamidad? Todas estas preguntas se acumulaban en mi mente y no encontraban respuesta. No encontraba las palabras porque éstas no protegen tanto como un barbijo que es más fácil de colocar. Esta es una metáfora que me protege, como la vacuna, de la violencia pura del virus.

Nunca miré tantos árboles como en estos años de pandemia. Nunca a Herman Hesse lo sentí tan cercano. Soñaba con él y con árboles. Nunca contemplé tanto los cuadros de mi cuarto. A veces alucinaba con que los cuadros me hablaban y me contaban chistes de Creta o de la India.

Conduzco de vuelta a Greeley por la I-25 North. Nieva moderadamente. El manto blanco que cubre las montañas es de una belleza existencial. La nieve es el barbijo de las montañas. Las protege. El primer año de la pandemia, el virus afectó los cielos, no nevó casi en las montañas, los días eran una gran pausa, un gran purgatorio. La nieve es vida y no muerte, y el cielo lo sabe. Este no es un país para débiles. Este es el mundo post-covid: el de los fuertes, los vacunados, los valientes.

Ocassus solis.

De Francisco Javier Insa García.

«¡Que le coooooorten la cabeza!». Despiertas con un sobresalto. La reina de corazones reclamando la muerte en un reino que se desvanece con el sol enfermo de la mañana. Una pesadilla. Alicia persiguiendo al conejo que corre tras un tiempo, que no puede atrapar en su bolsillo. El tiempo como sujeto indeleble y corpóreo. Abrazarlo no es una utopía en esta suerte de celda, de espacios que habitan otros espacios. Dos realidades superpuestas: los confinados "afuera" entre cartones y los confinados "adentro", en el hogar. Pandemia y justicia, nunca caminaron juntas. La rutina, indefensa ante el hastío, el miedo y la incertidumbre, reposa en el sofá, solitaria. Lágrimas y miedo en las pantallas; un «¿cómo estáis?» que sabe diferente, que huele diferente, que duele diferente. La ausencia de lo presente se asienta entre los intersticios de una piel que clama el contacto, el calor de una vida latiendo al otro lado de la pantalla. Soy yo y tu reflejo. Él lleva toda la vida atrapado; esto es nuevo para mí. ¿O no?

Miro mis pies, su movimiento lento, pausado, exiguo. La vida enferma deviene todo imperceptible; salvo la muerte que ya salió a escena en oleadas frías e inertes. Todas ellas con el mismo monólogo acelerado; una despedida imprevista. «Bienvenida, Muerte. Tanto ha que no hablamos». Cerrar los ojos es estar atrapado en el infinito, abrirlos es confirmar que el infinito son setenta y cinco metros, marcados bajo la oprobiosa señal de lo inmutable. Reflexionas sobre el derecho al cambio, a la vergüenza implícita en la transformación de lo corpóreo. No, ahora no, la evolución es sinónimo de azar: unos mueren; otros no.

Perdido es la banda sonora de este encierro; te hace encontrarte entre las redes de un navío en mar abierto. Sientes el vértigo invitándote a caer hacia lo profundo de esta latitud inconexa: el desasosiego. «¿Ya te marchas? Quédate un poco más...» Los paisajes de estas paredes nunca conocieron la dicha del otoño; perecer para alimentar la semilla de un futuro incierto. El futuro es la inmediatez en el segundo siguiente al momento de ahora; si ahora resulta un presente y no un pasado en tu memoria.

Sabes que hay vida a unos pocos metros; la oyes hablar, aplaudir, pero no te interesa lo que no puedes aprehender. Nada, es todo eso que anhelas ahora: la parálisis que implica tu renuncia a la existencia ausente, distraída, indiferente. Anacrónico, así te sientes. De aquí, de allí, de otro tiempo, sin lugar en el ahora. Otra vez, esa llama que titila en tu interior quiere prender tu sangre para que sientas el dolor de la vida y así, apreciar la muerte. Solo has conocido el monopolio de la certidumbre; necesitas experimentar la catarsis de transitar la inseguridad de lo onírico. «Ahí sentada, mirándome sin mentar palabra. Me aburres».

Te aferras al armisticio entre el folio en blanco y la pluma. «Words, words, words»: acto II, escena II; Hamlet en respuesta a Polonio. Lo escrito posee el poder de la permanencia, del recuerdo, de ser real. Y eso te aterra: porque transmutar la memoria presente en el futuro puede ser un reclamo al pasado. Al día de hoy; a esta hora. Este infinito segundo al que se aferra tu mente delirante mientras imagina otras mentes confinadas; un universo que extiende su sinapsis en un macrocosmos de distancias: una octogenaria prepara el té en Shimonguri no Sato, ajena al viaje iniciático de un joven, cuyo corazón ha dejado de latir sobre una cama cualquiera, en un hospital en todas partes. «¿Seguro que quieres estar aquí?».

Percibes la lucidez del sueño dentro del sueño. El éxtasis del álef en tus sentidos. La permeabilidad de la ausencia en el contorno de las imágenes apresuradas agitándose a tu alrededor. Un sonido repetitivo, ininterrumpido y constante, evalúa tu vida entre montañas y valles, a golpe de tambor. No es el *Aria* de Bach, aunque tiene el mismo aire catedralicio, solemne. Te hundes en un valle eterno; sin gritos, sin llantos, sin morgue; tan solo el frío. «¿Nos *vamos?*».

After the plague.

By David Lee Morgan

Damn. Covid is over. There are cars on the street. Christmas-Every-Day is gone. Humans… actual humans… I'll have to get used to them again. Maybe.

It had to happen sooner or later. Someone has to dig the ditches, stock the stores. My god, somewhere on this planet people must be making things. I suppose they were all along. I remember reading about people dying in the meat packing plants. I was still eating meat. Someone, somewhere, had to be killing the animals, cutting them up, growing more, picking them off the trees or whatever.

I get up. I go out. I'm meeting an old friend. We have a disagreement about the new religion. *"You coward. I used to think you were brave"*. We're in a small café near my house. The plan is to talk and try to resolve our differences. But he's shouting, or building up to it. I start shouting back. We have to leave the café. We go to a park so he can scream in my face. I scream back. *"You coward, I used to think you were brave"*. I realize I'm not talking to him. I'm talking to his friends, talking to his tribe. They would never forgive him if he changed his mind. They will never forgive me. So what.

I used to work in a meatpacking plant – on the conveyor belt – knives honed so sharp they would slip into a carcass like it was melting butter. I could have gone for a job on the killing floor. I wish I had now. As many cows as I've eaten, I ought to have killed a few when I had the chance.

La telaraña.

De Sara Montaño Escobar

Te despiertas una mañana y el peor escenario se hace presente. Oh no, el virus que invadió China y otros países ya está aquí. Qué haré con mi cuerpo débil, mi cuerpo roto, mi cuerpo que heredó el diagnóstico invisible. Te toca ser fuerte. Te toca resistir. Si alguien sabe de resistencia eres tú, porque vamos, eres una guerrera.

Entonces, los encierran. Todo sea porque el virus no se multiplique. Porque el virus no se haga una plaga apocalíptica. Gracias a Dios, abuela ya no está aquí, porque si abuela hubiera vivido en estos tiempos, ¿qué habría pasado?, la pregunta se revela como una respuesta insufrible.

Escuchas a diario las rolitas que tu papá reproduce de Adele, el juego de parchís que hasta el día de hoy, hace apostar todas las noches a tus padres. Y, miras las noticias. Las noticias sobre la primera mujer que contrajo el virus en Ecuador. Los ataques crueles hacia una mujer con rostro de madre -tu madre- que solo quería visitar a sus seres queridos.

A diario, escribes sobre ese amor a la distancia que sigue siendo frontera. Ya no lucharé nunca más por ti, porque *if the world was ending, you'd come over, right?*, pero nunca viniste, nunca viniste a nuestro último encuentro. Ese amor que aunque te mantiene despierta todas las noches velando por su cuerpo, ya huele a muerto hace bastante tiempo.

Entonces, termina la cuarentena. Se levantan las restricciones. Caminas como una ninja por las calles calculando cada movimiento. Al mínimo roce con otra persona te sobresaltas. Te alejas y cuando regresas a casa, rocías alcohol por todo tu cuerpo -a veces tu lengua- y fin de la misión del día.

A diario, sales, porque quedarte encerrada es peor. Quedarte en casa te obliga a estar a solas con tus pensamientos y tus pensamientos siempre han sido una telaraña en la que te enredas como un insecto. El mundo se acaba, tu vida se acabará y dime qué has hecho. Dime qué has hecho con esa partícula insignificante llamada vida. La felicidad es imposible, la existencia es lo único que podemos perder cuando estamos vivos. Vivir es la única posibilidad que nos queda.

Te aferras al arte. Te aferras al arte y junto a un grupo de artistas que hacen poesía en los escenarios, en los bares, en los centros culturales que se mantienen abiertos. No hay noche que después de reunirte, no te acuestes con la paranoia de haberte infectado. A veces, tu cuerpo débil, tu cuerpo acostumbrado a la enfermedad te hace imaginar que ya te contagiaste y empiezas a escribir un testamento en el que heredarás a tus hijos amados -inéditos, sí- y te preparas para recibir a la muerte.

Pero, no. También tienes ansiedad. También tu mente te juega una mala pasada. Porque ya dije que eres un hermoso insecto atrapado en cualquier orificio del miedo. Sigues cumpliendo con aquello que amas y te hace sufrir, pero te sigues sintiendo responsable de ese valor intrínseco que tiene el estar viva. Viva aún cuando tanta gente muere. Viva aún cuando en los hospitales no haya camas disponibles. Viva aunque la familia paterna se contagie, el abuelo esté a punto de morir y viva aún cuando el abuelo finalmente muere. El abuelo a quien no viste hace años. El abuelo a quien no le diste el último abrazo. Con la culpa te desinfectas las manos y despides al rostro de la ausencia.

Antes de que termine el año, haces viajes. Ves de lejos el mar, la playa, los bares y qué hermoso cumplir con las metas. Qué hermoso sumergir tu cuerpo en un jacuzzi, reventar burbujas y que no haya nadie alrededor que te cuente otro problema.

Ya con una nueva variante del virus en el país, regresas a tu casa y después de dos semanas sucede lo peor. Sucede aquello que tanto temiste: Tus padres se contagian, vos te contagias, vos caes en cama, vos no puedes respirar. Vos estás enferma de Covid-19.

Eres un insecto que ha caído finalmente en la trampa. Y esta vez te mantienes sujeta a un hilo de cordura porque te hundes en ese mar de la tristeza. Porque, la depresión te abraza con fuerza y no hay más realidad que el miedo. El miedo te hace un ovillo y sabías, sabías lo difícil que te sería salir.

Ya insecto, me abrazo a la noche. Me aferro a los recuerdos. Ya insecto, destrozo mis amarras y comprendo lo que siempre he sabido: Si temo a las arañas es porque tengo miedo a los espejos. Y camino sobre mis despojos, me devoro en un rito de amor propio. El insecto soy yo. La araña soy yo. Así hasta que el último hilo me libere o termine de enredarme. Así hasta que el último hilo revele mi verdadera imagen. Sigues luchando contra el Covid-19. Sigues enredándote con tus imágenes.

Mi barrio a oscuras.

De Marcelo Cruz

20 de abril, 2020.

Éste es un texto repetido, plagado de las mismas preguntas que me hago a diario. Incluso la actividad es monótona, encender la computadora o tomar el cuaderno de apuntes y tratar de encontrar una respuesta satisfactoria.

Éste es un texto repetido, cansino hasta la saciedad. Lleno de los afectos que este encierro personal quiere dejar salir. El ambiente luce apocalíptico, aunque no lo parezca, lleno de incertidumbre e insensatez.

El tono y ritmo de este escrito es el mismo. Me duelen los parques vacíos, me duelen los que tienen que buscar el pan a diario. Repudio a los que, como yo, pueden quedarse en casa porque ahí radica el privilegio invisible. La lucha interminable. Me duele el barrio que dejó atrás de mí, a oscuras. Oscuras las calles y la conciencia de clase. Mi conciencia.

Me repito al escribir, no puede redirigirme y menos amarme. Este texto es una repetición de otros textos...una gripe mal curada que regresa a molestarme. El encierro no ayuda. Mi encierro, no ayuda. Este escrito es un intento malo lleno de nostalgias humanistas.

Me duele la madre que tendrá que ver los ojos de sus hijos y explicarles que es una cuarentena o que quiere decir encierro...

Me duele la cabeza de los estragos y la impotencia de esta incertidumbre que me agobia. ¿Por qué? ¿Para qué? Escribir sobre un encierro, en tiempos de convulsión. Se avecina la hecatombe…

Nuestra edad adulta es una nueva Edad Media a oscuras en tiempos modernos. Este texto es malo como los otros. Ahí radica quizá su valía. Mi nostalgia se enreda en estas palabras… a fin de cuentas en este encierro/hoyo/cubo. La única luz que se ve al final es la de mi barrio a oscuras.

Tengo/No Tengo/Tuve.

20 de enero, 2021.

Se acabó el dinero.
La pandemia sigue...
No tengo Covid,
tampoco trabajo.
Tengo, como la canción: la piel cansada.
No por la tarde, sino por el gel y alcohol.

Tengo un país/pueblo sacado de un meme.
Tengo insomnio y angustia.
Y ganas de maldecir...
No tengo ganas de escribir,
pero aquí estoy, otra vez.
Ya no tengo ánimo de limpiar la casa.
Tengo casa (al menos).
Tengo deudas y tengo terror
de lo que viene.

Avanza en silencio y crece.

Voy a tener que bancarlo,
aguantar otra vez.

Tengo y no tengo idea de lo que es y no.
Un amigo me decía: ¡Ve esa foto,
hace un año! Cuando no había miedo
de abrazarnos.

Tengo compañeros que detesto,
como ellos me detestan.
No tengo un amigo cerca
que venga a compartir mi mesa o una copa.
Y ya no tengo alcohol
para brindar con mis gatos y los insectos que empiezan a
anidar en casa.

Tengo/tuve la esperanza
de que esto acabe.
Pero no...
recién empieza.
Tengo unas putas iras atrapadas
en mi interior.

No tengo ganas de darme un baño.
No tengo por qué tender mi cama,
tengo toda la intención de quedarme
tirado en ella,
y sentir el abrazo de las sábanas.
Tengo y no tengo
lo que parecía que no tenía.
Recuerdos. Memorias...

Abril.

20 de abril, 2021

En 30 minutos mi amiga Noelia cumpliría un año más. Pero no celebrará esta vez… En 12 días mis gemelos cumplirían un año más. Pero, como ya es costumbre, no iré a visitarlos. En 48 horas debía verme con mi doctor, para que me diga: vamos bien. Ya falta un año. Pero la telemedicina no funciona. Habrá que esperar, angustia incluida…

A inicios de mes debía viajar al sur y verme con alguien -darle un abrazo-. Ir por *sushi* o mote. Pero, ya ven lo que pasa. Hace treinta días debí verme con mi jefe y decirle que renuncio, que no me gusta mi empleo y me siento infeliz. Pero necesito el dinero...
Hoy me escondo de mí. De las voces de mi cabeza. De la ansiedad que me habita. De los libros que no quiero leer.

Hoy, escucho música, toco la armónica, con la fe ciega de escuchar el eco. Trabajo con mi libro y su traducción, clases virtuales y teletrabajo. Hago ejercicio mientras mis gatos juegan… Hoy cociné y muero por hacer tallarines chinos. Espero que mis jefes me paguen. Pero el pago va a demorarse. Leo noticias sobre lo que ocurre, veo que nos mandamos a la mierda de un lado a otro.

Ha muerto Aute, y otros más. Pero ellos no son poetas o músicos o actores. A ellos los dejaron en la calle, sobre una vereda, en un ataúd, o los cubre una sábana. O están en sus casas a la espera de un nicho o el fuego…

Hoy me entero que donarán cajas de cartón, que la fosa común es inhumana. Que la muerte ha perdido su terreno, rito y sacralidad. El mundo no está acabado. Pero así lo sentimos. Veo que nuestros semejantes nos llaman virus. Pero no ven que somos espejo. Terminé de leer *Sopa de Wuhan* (el título es horrendo y malísimo, la portada tampoco ayuda). Aquí cabría decir que: sí. SÍ se puede juzgar a un libro por su portada.

Hoy le temo a la inmediatez del pensamiento y la opinión de los iluminados. Temo hablar a través de un aparato, pero al menos está la voz del otro lado (cuando es posible).

Le temo al doble visto, porque si antes ya nos separaba, hoy nos manda al Cairo, y ni idea de cómo volver.

En tres minutos será otro día. Al menos el silencio reconforta. Pero pronto un número ha de aumentar y el miedo que nos embarga hará lo suyo… Así inicia otro mes; otro año de luto.

La mesa.

De Gisella Ballabeni

«If you are going through hell, keep going».
Winston Churchill

Ella se sentaba a la mesa con desgano, había que llamarla muchas veces para que se nos uniera. Era la última en llegar y la primera en retirarse. No tenía anécdotas que contar, su privacidad era vulnerada día tras día. Detrás de esa sonrisa estática, escondía la satisfacción de ver cómo la vida le daba la revancha. Ahora todos entenderían el yermo que le tocó vivir hace más de un año, mucho antes de que la pandemia apareciera. Su mudez y esa autosuficiencia de no necesitar nada me mataba. Nos observaba sin mirarnos, o quizás odiándonos. De su boca no salían más que monosílabos con ansias de silencio. Su cuerpo exhausto, objeto de análisis en favor de la ciencia, la mantenía en cautiverio. Ya no se le escuchaba cantar, tampoco hacía planes para el futuro.

—¿Qué te sirvo, amor?
—Nada. ¿Me puedo retirar? No me siento bien.
—¿Te acompaño?
—Sólo quiero ir al baño.
—No trabes la puerta por cualquier urgencia, por favor— le supliqué.

Él volvió a casa un día de cuarentena, desafiando la orden de inamovilidad impuesta por el estado de emergencia. Se presentó en la puerta, con lágrimas en los ojos y rabia en el corazón. Venía dispuesto a descargar su ira con la primera persona que le diera la contraria. Igual, todos íbamos a morir. Como él, que murió el día que su segunda hija falleciera al nacer, porque no había médicos para atender emergencias que no fueran relacionadas a la Covid-19; o tiempo atrás, cuando perdió la oportunidad de despedirse de su primera hija antes que su mamá se la llevara a Chile; o quizás a los ocho años, cuando su padre no llegó a esa cita para verlo montar *skate*; o quién sabe, ese día que regresó a casa, cuando se enteró que su único amigo moriría de cáncer. Desde pequeño lo llamaban Picasso por su gran habilidad artística, pero yo lo veía más como Van Gogh, aunque sin tanta constancia. Con él entendí que el arte no siempre trasciende al artista.

—Mi amor, te preparé ensalada y atún, sólo tiene un poco de sal de maras y limón.
—Sólo los voy a acompañar, no tengo hambre. Gracias mamá, te amo.
—¿Te sirvo agua?
—Yo me sirvo. Siéntate ya, mamá —respondía él.

La más pequeña usaba auriculares, y con la música a todo volumen cerraba ojos y oídos a lo que pasaba a su alrededor. No aguantaba dramas, ni familiares, ni de sus amigos adolescentes, bastaba con que alguno se pusiera shakesperiano para que los bloqueara de sus redes, pero a sus hermanos no había forma de bloquearlos. Contaba historias creadas a partir de las *sitcoms* de los ochentas y relataba las novelas noventeras. Cualquier tema era bueno, mientras ella no tuviera que debatir. Todos los días conseguía vestuarios diferentes para representar un personaje, hacía lo que sea para evadir la realidad. Compartía alegrías, pero no sus pesares. Así, irreverente, se mantenía a flote. Cuidó tanto su espacio personal que le costaba recibir un beso en la mejilla y dar un abrazo. Se sentaba a la mesa a comer. A diferencia de su hermano que comía sano por salud espiritual, ella lo hacía para cuidar su figura.

—¿Ma, puedo dejar el arroz?
—Okey, pero te terminas la ensalada.
—No me gusta la ensalada.
—Amorcito, si no vas a comer arroz, te terminas la ensalada—le respondía dando un gran suspiro.

Los días que pasaron fueron todos iguales, nos mirábamos a los ojos, pero no hablábamos. Apenas terminábamos de almorzar cada uno se recluía en su habitación, esperando en solitario su propia condena. Al mismo tiempo, la televisión mostraba de la manera más grotesca los cadáveres acumulados unos sobre otros en las calles. La sentencia de muerte se daba en vivo minuto a minuto mientras yo limpiaba la cocina. El caos reinaba en el exterior y el ahogo habitaba el interior «*Bendita pandemia*», pensaba una y otra vez.

Una carroza fúnebre se estacionó un día en la entrada del edificio. Cuando caí en cuenta, me serví una copa de vino, y prendí la música a todo volumen, estaba harta de mirar de frente a la muerte. La más pequeña no tuvo más remedio que quitarse los auriculares. El volumen era tal que no le permitía abstraerse, pero no discutiría por el ruido. El mayor, salió de su recámara, me dio un beso en la frente e inmediatamente regresó a la habitación, cerrando la puerta tras de sí, un «¡Te amo!», apenas se pudo escuchar a lo lejos. Pero ella, ella, nunca apareció.

De vez en cuando, a pesar del invierno, yo abría las ventanas para refrescar el encierro. A veces me quedaba escuchando el canto de los pájaros y tratando que el único árbol de jazmín de la cuadra impregnara su aroma en mi piel. Uno de esos días, mientras observaba los carteles publicitarios apagados en las calles vacías, me topé con el llanto desgarrador de una adolescente. Yo, en el tercer piso de mi residencia y ella, en el octavo del edificio del frente. Se encontraba sentada en la ventana de su departamento con los pies colgando en el vacío. Sus cabellos rubios ondeaban con el viento cuando dejó caer sus zapatos al precipicio. De un grito alerté a mis hijos que llamaran al número de emergencias. Para ese momento, todo el vecindario ya se había percatado de la desgarradora escena. A los pocos minutos aparecieron varias unidades de bomberos y policías cerrando por completo la cuadra. El escuadrón de rescate avanzaba por diferentes puntos del edificio, la niña al verse acorralada se paró en el borde emitiendo un grito entumecedor. No pude más y regresé a la cocina alejándome de esa terrible agonía. El llanto e impotencia me invadió enseguida.

—¡Entren, no es un espectáculo!—grité con rabia.

Mi hijo se acercó y me abrazó intentando sostenerme. No pasó mucho para que ella apareciera envuelta en un mar de lágrimas, había visto el vacío y la oscuridad a través de la mirada suicida, y su corazón finalmente se desbordó.

—Ven aquí—dije, invitándole a unirse al abrazo.

Ella se acercó y su llanto nos conmovió. A los pocos segundos, mi hija menor ingresó.

—¡La rescataron!—dijo—, haciendo una pausa al ver la escena. —¿Y a ustedes, qué les pasa? —preguntó.

Apenas la vimos, corrimos detrás de ella. Esta vez, no la dejaríamos huir. La acorralamos entre los tres para llenarla de besos y en poco tiempo del llanto pasamos a las risas.

A la semana siguiente dieron por finalizada la orden de inamovilidad total.

—¡Chicos, preparen la mesa, ya vamos a almorzar!

Y sin embargo…

De Alejandro López Pomares

Este es el tercer año consecutivo en el que explico a mis alumnos la epidemia de gripe que asoló al mundo en 1918. La mal llamada gripe española. Una calamidad que el sistema educativo, los libros de Historia de Bachillerato, al menos en España, no han considerado un fenómeno lo suficientemente relevante y aparece poco más que una mención entre sus páginas. Quizás, pensaban, no se podía obtener de ello un aprendizaje significativo. El tiempo siempre nos pone a todos en nuestro lugar.

Año 2022, tercer año de la pandemia. Pero volvamos atrás. La primera vez que la expliqué fue por videoconferencia cuando nos confinaron tres meses entre el pánico y la incertidumbre, la inquietud e, incluso, la mofa, por una enfermedad, la del coronavirus, que se esperaba a un tiempo apocalíptica e intrascendente.

Tuvimos que resolver el curso sumidos en una precariedad tecnológica tan burda que todavía nos sigue avergonzando. Sin embargo, aprovechando la oportunidad, encargué un trabajo de indagación sobre la gripe del 18 con el que, hasta yo mismo, me vi sorprendido por la distancia tan corta que nos separaba de nuestros antepasados. Cien años, en el mundo de los humanos, dan mucho para teorías esotéricas, pero muy poco para aprender acerca de nuestra fragilidad.

El segundo curso, ya de vuelta a las aulas, que no a la normalidad, todos con mascarillas, con las manos cortadas del baño de gel hidroalcohólico y resistiendo los últimos coletazos del invierno con las ventanas abiertas, le dediqué toda una sesión de una hora y ocho diapositivas. Venga, hoy vamos a explicar la gripe del 18, la gripe española. A la vez, les sorprendió (ante las semejanzas) y les horrorizó (ante la caída penosa en los mismos errores del pasado). Parecía que los tiempos andaban a nuestro favor, que la curva de la pandemia se revertía y ya no vi necesario pedir un sobreesfuerzo de investigación. Quedó en algo anecdótico y, esperanzados, vimos en abordar un tema fuera de temario (con las urgencias de una prueba de acceso universitario a la vuelta de la esquina), un atrevimiento, una tentación innecesaria.

Esta semana, febrero del 2022, tocaba comenzar nuevamente con el siglo XX español, la crisis de la Restauración monárquica, la Gran Guerra lejos de nuestras fronteras, el colapso del liberalismo y las democracias y el advenimiento de las dictaduras en toda Europa, el despertar del movimiento obrero, del comunismo y del fascismo, el nuevo alzamiento de los ejércitos imponiéndose a la política. No le pude dedicar a la cuestión de la gripe más de 15 minutos. La saturación de datos científicos ante la sucesión de oleadas, la diversidad de síntomas llevada al límite de la excentricidad y el hartazgo por la disparidad e incongruencia de medidas, daban la sensación de que ya había poco más que aprender. El temario en este curso preuniversitario es la prioridad, no hay tiempo ni para respirar (hay cosas que no han vuelto a la antigua normalidad, pero esa sí). La vida se nos aprieta y más a ellos, que tienen a poco más de dos meses que dar ese salto al vacío que siempre será la adultez, la universidad, el pavor ante la decisión equivocada e inexorable. Fueron sólo 15 minutos, pero, curiosamente, terminé igual que los años anteriores, con una diapositiva en la que se presenta en una gráfica los datos de una investigación de la época con datos comparativos de fallecidos en las principales ciudades occidentales. Ya les había contado que aquella pandemia asoló la humanidad y se llevó por delante casi más muertos que la propia Guerra Mundial que tocaba su fin en esos mismos instantes y cuyos números (estadísticas) se confundieron la una con la otra. En un mundo donde todavía no existían aviones comerciales que diseminaran el virus a la velocidad actual, donde las gráficas se trazaban a mano y cedían ante el paso del tiempo decolorándose y tomando un tono amarillento, los datos para las principales ciudades occidentale: Londres, Berlín, Nueva York y París, nos mostraban la existencia de tres olas. Una, dos, tres y desapareció.

Aquella gripe acabó quedando incorporada a una nueva normalidad que, seguramente, la gente de aquel tiempo, despidió con temor ante un destino implacable, con algunos conocidos de menos, y pensando, imagino yo, "¿qué hemos hecho para merecer esto?". El mal fue rebotando año a año de un hemisferio a otro, en aquel tiempo alocado de los años 20 que estaba por venir. Lo que quedó claro es que ya no volvió a ser así de crudo. Se serenó, se normalizó.

Con esta reflexión final intento transmitir a mis alumnos un halo de esperanza. Todo empieza y todo termina, todo se hunde y se levanta, tranquilos, que esto también pasará, volveremos a vernos las caras, a juntar los pupitres y cerrar las ventanas en los inviernos, a tocarnos y reunirnos sin miedo, a besarnos y bailar juntos en conciertos masificados, a fumar y a beber en público y a salir mucho…

Pero a la clase le quedan todavía 20 minutos y, claro, el temario urge, y toca dejar conclusiones y dejarlos salir pronto o estirar la clase y, simplemente, seguir abriendo en canal el siglo XX. Contar cómo a aquella época le sobrevino el fascismo, el hundimiento de las democracias, la Segunda Guerra Mundial, la Guerra Fría, ¿qué fue antes y qué después? ¿Qué desencadenó qué? Son preguntas inevitables e imposibles de responder. La desconfianza, las ambiciones, la ambigüedad, el descontrol, el jugar a ser Dios, la manipulación de los medios, la escalada militar, la posverdad, ¿qué va antes y qué después? Nunca se puede revertir el pasado o hacer la prueba de cómo nos habría quedado un futuro alternativo. Yo les digo (abogando esperanzas a la desesperada) que, a cada crisis, el mundo nos ofrece una nueva época de esplendor económico, que les llegará en el momento en el que estén saliendo de las universidades, convertidos ya en ciudadanos dispuestos a enfrentarse a este complejo mundo moderno. Les digo que les esperan momentos de gloria, a pesar de todo lo que hemos vivido. Que la memoria es selectiva y nos protege, que no recordarán de todo esto más que algunas sensaciones y pocos momentos de malestar o incertidumbre. Pero no me creen… Para ellos no hay un mundo postcovid, como tampoco hubo un tiempo precovid. Aunque tengan fotografías de los 15 años que vivieron antes, sólo acceden a recuerdos emborronados (¿Llevábamos mascarillas? ¿Cómo puede ser que no lleváramos mascarillas? ¿En serio no llevábamos mascarillas?). Con esa última diapositiva les quería dar esperanza, o quizás dármela a mí mismo, que llevo repitiendo que todo esto terminará, y ya han pasado tres cursos.

Salí por la puerta y de vuelta a mi departamento por el pasillo me quedaba ya una sensación extraña, ¿qué fue antes y qué después?, me senté en mi despacho e intenté dar comienzo a este mismo relato.

Como escritor, tengo en mis manos darle la vuelta a la historia, reinventar el final, dejar un buen sabor de boca y hacer salir a mis alumnos de clase con una pequeña sonrisa. En definitiva, esto no deja de ser una ficción. Podría modificar este relato y cambiar la percepción que tendrán de nuestro tiempo quienes lean esto en el futuro; podría hacer olvidar esa expresión de cansancio en la cara por la infinita ambigüedad e incertidumbre, y sin embargo…

Los gatos.

De Laura Jaramillo Duque

Tres gatos paseaban por el edificio de oficinas abandonado que se veía por mi ventana. Dos de ellos tenían collar, estaban limpios y se veían bien alimentados. El tercero parecía vivir en aquel edificio y maullaba todas las noches como si reclamara un poco de compañía o atención.

Con el tiempo me percaté de que uno de los gatos ya no salía tanto. Era el que más me gustaba, porque se parecía a Garfield. Aunque no era gordo, sí era perezoso y temeroso. El momento exacto en el que dejó de pasearse por el edificio vecino, fue en el momento en que a todos nos encerraron en casa hasta nuevo aviso. Supongo que ese Garfield estaría feliz en compañía de su dueño, 24/7, quien le prestaría más atención de la habitual debido al aburrimiento del encierro.

El segundo gato casero era negro. Éste era mucho más intrépido. Siempre lo veía en lugares inusuales, a los cuales trataba de entender cómo habría llegado allí. Un par de veces lo vi pasearse por las oficinas abandonadas, otras por el techo del edificio y, en otras ocasiones, por las columnas desgastadas de un fragmento sin construir de lo que habría sido el patio. Alguna vez lo vi en el techo con forma de cúpula de un supermercado próximo.

Salem, como lo nombré, parecía no tenerle miedo a nada. Su libertad se había convertido en mi vicio, todos los días lo buscaba y andaba en mi cabeza los recovecos por los que se las arreglaba para entrar a todo tipo de lugares. El gato callejero era blanco, una antítesis completa de Salem, pues, a pesar de ser callejero, no era tan intrépido y aventurero. Las pocas veces que lo vi en las columnas del edificio era porque estaba escapando de las personas que de a ratos entraban al lugar. Incluso hubo una ocasión en que una domiciliaria de Rappi trataba de darle comida, pero él escapó temeroso. Sus maullidos a las 6:00 pm siempre fueron lo que más me llamó la atención. Nunca pude entender si tenía hambre, si era hembra y estaba en celo, si estaba llamando a otro gato o a un humano.

Con el tiempo me fui transformando en estos tres gatos. Sus personalidades me hacían de manera errática y novedosa. Me encontré con emociones, sueños, anhelos, deseos y miedos que desconocía. A ratos me veía a mí misma tomando decisiones imprudentes en medio de la cuarentena en búsqueda de la libertad. En otros momentos me encontraba en casa, encerrada y muerta de la angustia, tratando de encontrar un poco de paz y regocijo en mis seres queridos. A veces me veía obligada a redescubrir un mundo exterior que desconocía y que me obligaba a socializar de nuevo desde una nueva realidad que me hacía sentir reacia a las personas.

Como a un gato, agarrar al puntito rojo que danza sobre la pared era mi ejercicio diario. Por más que tratara hacerlo mío, jamás lo iba a lograr. Se seguía moviendo descontroladamente, sin que yo pudiera hacer nada al respecto.

Con el tiempo fui consciente de que mis emociones y sensaciones estaban allí para ser experimentadas y transitadas, no para ser agarradas y racionalizadas. Incluso después del fin de la cuarentena y mi necesidad por vivir sin miedo, me encontré con un tumulto de sensaciones que me oprimían el pecho. Los tres gatos seguían habitando en mí, dejaron de ver al puntito rojo como un juego, para comenzar una intensa pelea gatuna, donde el mejor ganara, incluso si era a costa mía.

Ahora, dos años después del fin de la cuarentena y de haberme mudado de aquel
apartamento de vista insólita, me encuentro preguntándome por la suerte de los tres gatos. Será que el gato callejero sigue maullando, será que Salem encontró nuevos espacios donde explorar, será que Garfield volvió a salir de casa.

Made in Brasil.

By Lisa Alves

Junho de 2020

Estou em casa. Estou em Araxá. Estou em Minas Gerais (um grande estado no sudeste do Brasil). Depois de dezesseis anos retornei. Há duas meninas e um menino me esperando. Estão vivos e saudáveis. Eu estou viva e não muito saudável. Eles me chamam de tia e eu concordo. Querem saber de tudo. Querem que eu conte sobre o tempo que passei longe. Querem saber sobre o que é ser escritora. Querem que eu explique a cicatriz no rosto e se o Rio de Janeiro é realmente lindo. O vírus ainda não encontrou o caminho até aqui. A vida insiste.

Janeiro de 2021: 210 mil mortos.

Minhas amigas me ligam para dizer que não agüentam mais, que o tempo tem oxidado tudo, que estão mais velhas do que deveriam, que ninguém agüenta mais o confinamento, que 2020 não acabou e que querem ir embora do Rio de Janeiro, de São Paulo, de Recife, de Brasília, de Lisboa e do planeta Terra.

Fevereiro de 2021: 250 mil mortos. O vírus já chegou aqui na cidade.

Olho no espelho e vejo que meus cabelos estão prateados. Minhas mãos já não são as mesmas. Nunca as lavei tanto. Tenho tido crises respiratórias. Sempre acho que é o vírus. Faço os testes e descubro que ainda não entrei nas estatísticas. Culpo o vírus como se culpa um demônio.

Março de 2021: 320 mil mortos. Estamos com medo.

Minha tia foi enterrada sem aviso prévio. Todo mundo partindo à francesa enquanto a gente pensa nos fios brancos ou qual mercado é o mais seguro para fazer às compras ou se a máscara N-95 é melhor do que de íons de prata. Esse foi o pior mês para a cidade e para o Brasil.

Maio de 2021: 460 mil mortos. Tenho chorado muito.

Minhas amigas me ligam para dizer que HERV-K é um vírus ancestral e que nada começou na China. Foi muito antes. Foi naquele tempo quando humanos e chimpanzés se separavam na escala evolutiva e nosso genoma foi contaminado.

Penso que o tempo não existe. Penso na Chita e no Tarzan e digo em meu áudio de 17 minutos no WhatsApp que meu pai adorava a Chita e minha amiga chora lembrando do pai dela e eu pergunto se ele também gostava da Chita e ela diz que não sabe mas sente falta do pai e eu choro também. Tenho chorado muito.

Julho de 2021: dia 26 tomei minha primeira dose da vacina. Já são mais de 550 mil mortos.

Minhas amigas me ligam para dizer que estão vivas. Ouço o barulho de seus gatos. Ouço o barulho de seus cães. Ouço o barulho de seus filhos e de todo ruído da vida. Todas perderam alguém. Mas não falamos dessas coisas.

Eu só posso enviar o som dos passarinhos e isso parece tudo para elas. Nunca fomos tão simples.

2022

664 mil mortos e 30 milhões de contaminados. O governo federal ignorou 53 e-mails da Pfizer sobre a vacina. Perdemos mais de meio milhão de pessoas no Brasil por negligência do Estado. Nunca iremos nos recuperar das seqüelas.

A través de la pandemia.

De América Merino

Sueño. En un principio de la pandemia tuve mucho sueño, pero no podía dormir. Estaba
asustada. Me encerré mucho antes de que lo dictaminaron las autoridades en Chile.

El último día que salí fue el cumpleaños de mi abuelo, el 16 de marzo de 2020. Después de esto, ya casi no salía de mi habitación.

El cielo claro y las ramas de unos árboles eran prácticamente lo único que podía observar. El encierro absoluto duró un par de meses, mucho más de lo que pensaba. Veía a mi papá, pero empecé a extrañar a otras personas. No era suficiente el contacto telefónico, las redes sociales y las reuniones por Zoom. Faltaban los abrazos, faltaba la calidez de una mano que sostenía a otra. Transamos afecto por seguridad.

Yo vivía en una ciudad frente al Océano Pacífico, pero ya no podía ver el mar, no podíamos ir a caminar por la playa, algo que hasta entonces era tan natural y cotidiano. Dejamos de hacer muchas cosas.

El contexto pre-pandémico en Chile estuvo trazado por el estallido social. Decenas de estudiantes secundarios saltaron los torniquetes del metro de Santiago en señal de protesta por el alza del pasaje, en octubre de 2019. "No son 30 pesos, son 30 años", fue la consigna que se unió a tantas más. Problemas graves en el sistema de salud pública, en la educación y las AFP's[1] cayeron dentro de un enorme listado que nos llevó a las marchas más grandes de las últimas décadas. Día tras días, millones de chilenos salían a las calles con su voz y algunas pancartas a reclamar por justicia social. Nada nos detuvo, excepto la pandemia.

Comenzó entonces la monotonía de los días, de las semanas, de los meses. Como si el tiempo en el planeta se detuviera. Los primeros informes fueron horribles. Escuché en las noticias que dos enfermeras italianas se suicidaron, porque contagiaron a sus pacientes de covid19 y lo detectaron demasiado tarde. El estrés, la falta de contacto humano y la preocupación extrema por sanitizar todo llegó para quedarse.

Nos prohibieron compartir con nuestras familias, nos prohibieron poner un pie fuera de la casa. Cerraron muchos lugares de trabajo y empezó una crisis, ya no sólo de salud, sino en todo ámbito.

Con el paso del tiempo cambiaron un poco las cosas. Volvió cierta leve estabilidad, aunque realmente no creo que ésa sea la palabra. Una costumbre, tal vez, a lo incierto. Nuevamente encendieron las luces algunos lugares por la noche, otras, en cambio, se quedaron por siempre apagadas.

Me fui a vivir a otra ciudad con mi pololo. Ahora es la Cordillera de Los Andes la que tengo frente a mí, en lugar del mar. Alcanzo a ver nieve por la ventana. A veces tengo un poco de sueño, pero duermo mucho mejor, porque por fin volvemos a sostener nuestras manos.

---

1 Las AFP, Administradoras de Fondos de Pensiones, son las instituciones responsables de administrar e invertir los fondos del sistema de pensiones chileno.

IT'S MY PARTY AND I WRITE IF I WANT TO*² (2021)

Por Gaby Sambuccetti

Este año quise regalarme la escritura de este texto para mi día especial. Por eso lo titulé: "Es mi fiesta y, si quiero, escribo".

Hace un año, cuando el encierro recién empezaba, escribía este texto sobre la pandemia*. Fue justo el día de mi cumpleaños cuando empezó el *lockdown* en el Reino Unido. Me acuerdo de aquel Boris Johnson hablando en las noticias, diciendo que íbamos a perder a muchos de nuestros seres queridos. Recuerdo haber pensado en la noción de comunidad con mucha más fuerza que nunca.

XXVI

Esta fue la primera cosa
que he entendido:
el tiempo es el eco de un hacha
dentro de un bosque.

Philip Larkin

En contraste con el 2020, en este 2021, la pandemia parece estar por terminar. En mi país de residencia, a mitad de octubre, la pandemia empezó con la nueva cepa y la histeria

---

2 Continuación del primer texto de esta serie, "Coronavirus: leer y escribir en tiempos de cuarentena" (2020).

de toda Europa y resto del mundo asustados y cerrando puertas, para luego continuar con un largo encierro.

Durante ese confinamiento vimos pasar la noche, el frío, la nieve, la niebla, la famosa lluvia. Recién esta semana vimos salir un sol resplandeciente, por primera vez. Podemos afirmar que el 50% de la gente está vacunada en Reino Unido al día de hoy. Y con eso, todo este gran paréntesis en nuestras historias colectivas parecería estar llegando a su fin.

Me pregunto qué nos deja esta culminación como escritores que siempre estuvimos marginados del mundo económico con nuestras actividades literarias, hecho que durante la pandemia se acentuó aún más. Es decir, se notó la falta de empatía con los artistas en la pandemia. La parte más chocante fue que todos consumieron arte, más que nunca. Pero, tristemente, los escritores seguimos escribiendo, seguimos publicando, contra viento y marea.

Durante este período que va desde que Boris dio su discurso hasta el día de hoy, me conecté y desconecté con distintas personas, como también lo hice con mis ciudades, con los WIFIs, conmigo, pero, sobre todo, con la escritura.

Es por eso que quise darme este festejo, que no es una sesión de Zoom, ni unos zapatos nuevos, ni una caminata por el parque. Es un texto. Son palabras. Quise regalarme estos párrafos, estos relieves de lo que quiero volver a ver en mis próximos cumpleaños, cuando la pandemia sea un recuerdo borroso de algo que nos cambió las vidas temporalmente y también, para siempre.

Quise regalarme este texto producido en este escritorio repleto de libros desorganizados en un caos sin pretexto alguno, entre cremas de coco, piedras amatistas de viajes que no recuerdo, resaltadores de bajo coste y millones de hojas y cuadernos reutilizados.

Quería un cumpleaños que represente esta otra pandemia: la de la introspección, los libros y la literatura; la pandemia que me mantuvo sana mentalmente en un mundo muy incoherente y desorganizado.

Durante la pandemia pude conectarme con mi ser escritora de manera más radical. Fue uno de los años que más escribí, gestioné, publiqué, colaboré, entre otras actividades.

Un amigo escribió un texto en donde dice que uno no es escritor como se es oficinista. No se puede salir de la escritura como se sale de la oficina. No tenemos una tarjeta para marcar nuestra salida de la escritura. La escritura nos atraviesa en todas las áreas de la vida, es parte de lo que somos. Está en la esencia.

Ser escritor es más complejo que simplemente escribir. Este año cumplo treinta y cinco de ser escritora. Alrededor de veinte años de escritora consciente. Y otros doce publicando y compartiendo con el "exterior" mis textos, ensayos, poemas, canciones y otras sin forma alguna.

Envejecer no es algo para estar avergonzado. Especialmente cuando toda la humanidad está en eso [...]
es un gran privilegio no morir prematuramente.

Bernadine Evaristo

Aquí estoy: escribo para el adentro, para el afuera. Y, muchas veces, es en ese medio *where the magic happens*. Me acuerdo que hubo un tiempo lejano en el que escribir para otro era tan aterrador que prefería no hacerlo. Prefería escribir para mí misma y mis fantasmas. Pero un día decidí romper con esa falsa creencia de que el afuera era aterrador. Sacar las hojas de la vitrina.

Este último período de mi vida comencé a percatarme de que soy una escritora muy consciente de mi tiempo. A veces, pienso que si escritores como Cortázar, Virginia Woolf, Vallejo, Shakespeare, Sor Juana, entre tantos otros (de cualquier época y con cualquier antecedente), se levantaran de sus tumbas y vivieran este presente, no podrían soportarlo: la reencarnación es un arte como cualquier otro, y, por ende, no es para todos.

Incluso a nosotros mismos nos cuesta aceptar este presente literario y de la escritura, nos cuesta aceptar ese terrible ego que es tan obvio como el Big Ben: los seguidores de Instagram, los algoritmos, los lectores que quieren todo cortado como si fueran bebelectores, los *hyperlinks* y los links, los fondos destinados a lo mismo, las reacciones, las fotos, los trolls, la extraña presencia académica y corporativa en redes. Hay muchas cosas raras que pasan en esta mezcla de factores contemporánea. Cosas raras como sentir presión por tener seguidores en nuestras cuentas de Twitter, presión que no es personal, sino social: ¿eso no es raro, casi inhumano? Sobre todo, cuando los seguidores se pueden comprar por 3 pesos devaluados en el mercado ilegal.

No sé en qué momento de esos 35 años vi toda esa mezcla como una posibilidad. La posibilidad del error: infiltrar las letras como un bug de ese sistema asfixiante. Ahora, tú lector, estás leyendo esto por un error del sistema. ¿Por qué un error? Porque a mí no me pagaron para escribirlo, ni a ti por leerlo. Este sistema no quiere intercambios que no sean mercantiles. La Ninfa Eco es un hermoso error. Para mi cumpleaños me regalé emocionarme con la noticia de que este error de mi pensamiento se expandió como respuesta a un virus. Ahora tenemos tres equipos: el de Latinoamérica, España, Reino Unido y de Estados Unidos. Creo que muy pocas personas podrían entender la emoción de haber construido eso desde la base hace más de tres años.

Somos un equipo de escritores trabajando en una revista que no necesita *followers* para existir, ni necesita algoritmos, no necesita un mercado, ni *sponsors*. Se beneficia de ellos, como también lo agradece como una bendición extra (por favor no se vayan), pero puede continuar con o sin ellos. Al principio éramos unos pocos creando algo sin forma, con una emoción totalmente desproporcional a lo que es la crudeza del mundo literario.

Pienso que junto a mis poemas, La Ninfa Eco fue una de las mejores cosas que creé en estos treinta y cinco años porque demostró que hay algo que escapa de las lógicas del capital. En mi segundo cumpleaños en pandemia, me regaló la posibilidad de sentir alegría y felicidad por poder construir con pequeños ladrillos las cosas más ridículas, inútiles e impensadas, que son las más importantes de mi vida.

El otro día fui a comprar un café, y me quedé sentada, tomándolo, en una pequeña plaza que se mantiene casi desértica (a diario). Mientras lo tomaba, miraba a la gente caminar en sus burbujas-humanas de la pandemia. Todos estaban hablando y no había nadie viendo sus celulares. Miré cuidadosamente ese detalle. La pandemia nos recordó que también podemos vivir como en los años noventa en parte.

En una entrevista que me pasaron de Elon Musk con Joe Rogan, sobre el neurolink, Musk decía: "Ya todos somos *cyborgs* hasta cierto punto porque tenemos nuestros celulares como extensiones nuestras […] hoy no traer tu celular es como si tuvieras el síndrome de la extremidad fantasma, se siente como si algo estuviera faltando". La tecnología es parte de nuestra vida y nuestro cuerpo. Los escritores ya no somos los de antes. A veces siento que esa evolución algunos la ven más clara que otros.

Vivir al filo del tiempo, en la cresta del progresismo literario es también un arte aparte. Entender la evolución tecnológica no se trata de ser un *influencer*, sino de ver la posibilidad. La posibilidad de crear algo bello con lo que tenemos en cualquier lugar y momento. No esperar más de estructuras y direcciones impuestas. Incluso las editoriales y las universidades más grandes y con mayores recursos se sienten perdidas. Este cambio es drástico y se profundizó con la pandemia.

Lo nuevo y lo diferente siempre es visto con ojos de estigma, el estigma de que todo tiempo pasado fue mejor. Sin embargo, no puedo pensar en un momento mejor para escribir que en este hermoso caos en el que todavía se pueden tener ideas.

A veces pienso que vivo al filo de alguna periferia de una gran y pequeña ciudad, en los márgenes de la selva actual, en unas aguas que se filtran con las nuevas lecturas. En ese escenario, en esas maderas, es en las que cumplo treinta y cinco años como escritora y gestora, como alguien que pensó en soledad y en el encierro de su comunidad. Hoy podría estar en una fiesta por Zoom, pero preferí estar en esta felicidad, en la alegría de las palabras que van y vienen, que nos forman como las piedras a la arena.
En este cumpleaños quiero celebrar la palabra, porque es la única que puede gobernarnos y liberarnos. Este día me trajo la satisfacción de vivir este momento, este hoy eterno que es lo único que soy.

No sabemos cuándo nos vamos a ir de esta fiesta, no sabemos si todo lo que tenemos mañana va a desaparecer con un inesperado giro de suerte. Nada es propiedad privada en este mundo de apropiación. La vida se derrama de manera tan, pero tan salvaje, frente a nuestros ojos, que no nos queda otra alternativa que vivir. Y vivimos rodeados de muerte emocional, pero es hora de crecer y arribarse a ese precipicio que es la vida. Voy a dejar unos versos de uno de mis poemas de mi libro *The Good, the Bad & the Poet*:

Somos menos que polvo.
somos una hoja que cae.
Y la belleza está escondida
en la manera en la que caemos.

Quisiera completarlo con una cita de la novela de Ricardo Piglia, *El camino de ida*: "En la caída soy un halcón".

Me gustaría ser ese halcón que cae en esta vida literaria que elegí. No me refiero al aspecto agresivo del halcón, sino a la cualidad de volar siendo libre y respaldado por la propia disciplina e independencia de su edad, la edad de oro personal.

Me gustaría volar y caer con aspiraciones y anhelos; subir y bajar como solo puede hacerlo un animal. Llorar y reír por la incertidumbre y la certeza de que somos menos que polvo, conglomerados de polvo, tan mundanos como el que se acumula debajo de la cama. Somos tan terrenales como ese polvo que barremos, nunca estamos limpios, nunca perfectos. Siempre nos escondemos, pero hay poquísimos momentos en el que nos abrimos como un libro, y dejamos que otros vean mientras nos atrevemos a verlos: no hay nada más celestial que eso, ni siquiera el polvo de las estrellas.

El ser más inesperado es uno mismo: hasta las esfinges nos miran con ojos asombrados.

Silvina Ocampo
Voy a terminar agradeciendo a todos los lectores, sean cercanos o no, por dejarme compartir esto y pasar mi cumpleaños en esta extraña transacción que son las palabras.

IT'S MY PARTY AND I WRITE IF I WANT TO*³.

Por Gaby Sambuccetti

This year I wanted to give myself this article on my special day. That's why I called it 'It's my party and I'll write if I want to'.

Still 3 days to turn 35. A year ago, when lockdown was starting, I wrote this article*. It was on my birthday, when Boris gave a speech talking about new rules and the fact that we were going to lose many of our loved ones before their time due to coronavirus. That was a shock, but not a massive shock because usually during my birthdays, dramatic things happen, and they are not always related to myself.

XXVI

> *This is the first thing*
> *I have understood:*
> *time is the echo of an axe*
> *within a wood*

Philip Larkin

In contrast with 2020, during this year (2021) there is a sense of closure. Since November we've been in

---

3 This is the second part of the first text of this book called "Coronavirus: leer y escribir en tiempos de cuarentena" (available in Spanish only)

lockdown with the new strain, and during that period we witnessed the coldness, darkness, fogginess, pouring rain, and recently, we have started to see the sun again. We have also witnessed the borders closing and opening, and the vaccine rollout. It looks as if this big sort of parenthesis in our lives is about to finish.

I was wondering what's left after all this process, especially to writers. As writers we are, in most cases, sort of marginalised from the standard economic system with our literary activities, and that becomes even clearer during lockdown. The lack of empathy with writers was obvious, and the worst part is that people consumed more literature and arts in general. However, we are still producing material, even though most of us, sadly, don't earn a salary for doing it.

During this period, starting from Boris talking on TV until this current moment, I've got connected and disconnected with many people, with cities, WIFIs, myself, and especially with writing.

That's why I wanted to give myself this celebration in the form of an article, words. I wanted to write these paragraphs, this relief, which I wanted to re-read, hopefully during my upcoming birthdays, once Covid mutates into a blurred memory of something which changed our lives temporarily and also, forever.

I wanted a birthday about this other pandemic: the inner pandemic, the literary pandemic with books and literature, that which keeps us mentally healthier in a very incoherent and disorganised world.

A friend of mine wrote a book in which he states that being a writer is not like being a clerk. We can't escape from writing in the same way that we leave the office. We don't have a badge to check out from writing. Writing exists within all aspects of our lives. It is at the core.
Being a writer is way more complex than writing.

Aging is nothing to be ashamed of. Especially when the entire human race is in it together [...]
it's such a privilege to not die prematurely.

Bernardine Evaristo

I write to myself and to others, and more than often it is in the middle of those two where the magic happens. I remember that writing for others used to be so scary, that I preferred to write for myself, but one day I just decided to break the glass case containing my writing.

I sometimes think that if the well-known writers from the past suddenly woke up from their graves, they wouldn't resist this current time. I guess transmigration is an art like many other arts, therefore it is not for everyone.

It's also hard for us to accept this current literary time in which the ego is as big as Big Ben: Instagram, algorithms, readers acting as baby readers, hyperlinks and links, funding always awarded to the same people, places, trolls, photos, the weird academic and corporate social media presence. There are weird things happening in these current times, such as feeling pressure to have followers on Twitter – isn't that almost inhuman? – Especially when you can just buy followers with a few Argentine pesos.
I'm not sure in what moment of my 35 years I decided to look at all that mix with the eyes of possibility. Now you are reading this as a mistake, because I have not been paid to write it and you won't be paid for reading it. It is not an exchange with economic value, and that's a lot in this world. La Ninfa Eco is a beautiful mistake. And I wanted to feel emotional on my birthday about having imagined it and after that, having created it. This project doesn't rely on the followers, the algorithms or the market in order to exist. I believe that La Ninfa Eco was one of the best things

I have ever created in these 35 years, because it proved that it can exist away from the traditional market logic.

During an interview with Elon Musk by Joe Rogan, Musk stated, 'We're already a cyborg to some degree, because you've got your phone, you've got your laptop... today if you don't bring your phone along, it's like if you have a missing limb syndrome, feels like something's really, really missing.' Living at the edge of the writing progress is to understand that technology process; it is also to understand that we are not influencers, but we have more possibilities, and we can move forward without waiting directions from institutions and big publishing companies which also seem lost. The new aspects of this evolution can be seen with stigmatising eyes, but I can't think there is a better moment to write than in this actual chaos.

Sometimes, I think that I live at the edge of the margins, in a big and small city, inside waters self-filtering with words. In this scenario, I turned 35 years old, and I wanted to celebrate in the happiness that is writing this article. Words are the only thing that rule us, and I wanted to be alive in my words, in this eternal today, which is the only thing I am.

We don't know when this party will be over, we don't know if everything that we have is going to disappear completely in a turn. Nothing is private property in this world of appropriation. Life is so short we don't have another alternative rather than to live it fully. I want to share some of my verses in order to continue below:

We are less than dust.
We are just a falling leaf.
And our beauty is hidden in the way
we fall

I would like to complete this with a quote from Ricardo Piglia, 'when I fall I'm a hawk.' I would like to be that hawk, not in relation to the aggressive aspect of a hawk, but to have the possibility to fly, being taken care of by my own freedom and discipline. I would like to fly and to land in that wonderful way that only an animal can try.

We are as earthly as dust: we are never clean, never perfect, always hiding. But sometimes we open ourselves as a book and we let others see ourselves and we look at them as well: there is nothing as heavenly as that, not even the stardust.

The most unexpected human being is oneself. Even the sphinxes look at it with astonishment

Silvina Ocampo

Thanks for letting me share these thoughts on my birthday; I'm happy to have a birthday with this different transaction, a transaction of words.

Trozos de jabón.

De Karina Miñano

Sentada frente a él, María buscaba la mirada de su marido. Roberto, en cambio, tenía los ojos fijos en el cielo despejado que la ventana de la cocina le permitía ver. A su lado, la pequeña Carmen intentaba unir las piezas de su rompecabezas favorito sin éxito. Desde allí, los tres podían escuchar el chorro de agua. Sabían que Carlos se lavaba las manos en ese momento.

Luego de cinco minutos María se puso de pie y dio unos cuantos pasos alrededor con el ceño fruncido y los labios apretados. Roberto colocó los codos en la mesa, cruzó las manos a la altura de su nariz y con los pulgares movía de arriba a abajo sus gafas negras. En el silencio de la casa solo se podían escuchar las zancadas de María y la corriente de agua que venía del baño. Diez minutos más tarde, el agua dejó de correr y oyeron los pasos de Carlos hacia su habitación. María suspiró aliviada y apretó más los labios. Roberto intentó decir algo, pero solo pudo abrir y cerrar de inmediato la boca. Carmen ya había colocado las primeras piezas del rompecabezas en el lugar correcto y esbozaba una sonrisa abierta y despreocupada.

—Niña, ve a jugar a tu alcoba.
—¿Por qué? —reclamó.
—Porque tu papá y yo tenemos que hablar con Carlos —repli-

có la madre limpiándose el sudor de las manos en su delantal.
—Pero yo me quiero quedar aquí—respondió mirando a
su padre en busca de apoyo.

María puso una mano sobre el brazo de Roberto, también
buscaba el soporte de su marido. Desganado, se volvió a
mirar a su hija.

—Haz lo que te dice —expresó sin autoridad.

La niña empezó a hacer pucheros y amenazaba con llorar…

—Pero… si los muevo ya no sabré cómo colo-
carlos de nuevo —protestó decepcionada y llorosa.
—Haz lo que quieras, pero ¡vete! —. Alzó la voz María al
estrujar el delantal.

Carmen hizo un puchero más grande y empezó a llorar a
pesar de sus esfuerzos por controlarse. Cogió su tablero
con las piezas colocadas y con mucho cuidado salió de
la cocina diciendo que ya volvía por lo demás. Cuando la
pequeña se fue, Roberto miró a su mujer. María no dejaba
de limpiar sus dedos con el mandil, caminaba de un lado
al otro con el rostro de piedra, las cejas fruncidas, la boca
casi imperceptible y las venas de su cuello más gruesas
que de costumbre.

—¿Podrás controlarte? —interrogó Roberto y se fijó de
nuevo en la ventana frente a él.
— a Carlos no le vas a hablar de la misma forma que le
hablas a Carmen.
—¿Cómo quieres que me sienta? Estoy nerviosa, además
a Carlos…yo, yo…nunca le…
—No, claro que no…solo a Carmen le hablas de mala
gana —la interrumpió su marido.
—Voy a llamarlo.

En el pasillo se cruzó con la niña que regresaba, cabizbaja y con los ojos rojos, a por las demás piezas de su rompecabezas. La mujer ni siquiera la vio. Cuando llegó a la habitación de su hijo se detuvo al lado de la entrada. Aspiró con profundidad en su intención de calmarse, respiró tres veces y llamó a la puerta con pequeños golpes.

—Carlos, ¿puedo pasar?

No hubo respuesta. Entonces, María abrió con cuidado. Lo vio sentado en su buró, sacaba punta a un lápiz. El cuarto de Carlos estaba siempre limpio, tal vez demasiado limpio. Se podía notar una simetría perfecta en cada uno de los objetos y en la forma en que estaban dispuestos. María nunca limpiaba allí.

—Carlos, ¿quieres venir a la cocina? tu padre y yo tenemos que conversar contigo—. Su voz era calmada y amigable.
—En, en, en….en este momento estoy muy ocupado—argumentó al mismo tiempo que colocaba su lápiz azul marino recién tajado entre el índigo y el celeste.

María suspiró.

—¿En cuánto tiempo puedes venir? —insistió su madre.
Carlos colocó la punta del lápiz color verde oliva en su afilador y miró a todos sus lápices que estaban ordenados por tonos de color sobre el escritorio.

—Me, me, me…me falta sacar punta a los naranjas, los marrones y los violetas, y…y…y…tengo que lavar mis manos.
María se acercó e intentó colocar su mano sobre el hombro del chico, pero como otras veces hizo un puño en el aire para contenerse.

—Me parece que todos tienen punta —miró de reojo a su

hijo— si los continúas tajando, muy pronto algunos serán más pequeños que otros—. Quiso iniciar una conversación. —No, no, no… no es así, no los has mirado bien —contradijo sin mirarla— todos deben tener el mismo tamaño, por…por…por…eso tengo que tajar los que usé ayer.

María observó de nuevo y se dio cuenta de que los lápices naranjas, marrones, violetas y algunos verdes eran más pequeños que los otros. Dio un paso atrás y observó la nuca de su hijo, resignada y más nerviosa que cuando entró.

—¿Podrías, por favor, venir por cinco minutos solamente? —rogó María desde la puerta—. Nunca te he pedido que dejes de hacer tus cosas, pero esta vez es urgente, por favor —suavizó aún más la voz.

Carlos parecía no saber qué hacer. Contempló sus carboncillos y colocó el lápiz verde oliva entre el color hoja y el azulado. Y se quedó inmóvil por unos segundos hasta que decidió separar los naranjas, los marrones y los violetas que necesitaban tajarse y colocó el sacapuntas al lado de ellos, de forma perpendicular, en su conjunto formaban un cuadrado perfecto. Todavía indeciso se puso de pie.

—Vamos—María le dio pase para que saliera del cuarto primero.

Carlos caminó delante de su madre, arrastraba los pies, lo hacía cada vez que no estaba de acuerdo con algo. Cuando llegaron, Roberto todavía jugueteaba con sus gafas negras.

—Siéntate—pidió María, en tanto ella se sentaba al lado de su marido.

Carlos miró de reojo su asiento, el que usaba todos los días para comer, vio que la mesa estaba limpia y dudó si debía sentarse allí, pues solo lo hacía durante las comidas.

—Siéntate—insistió su madre.

Carlos arrastró la silla y se sentó al borde. Puso las manos entre las piernas y la vista en ellas.

—¿Hice…hice…hice…hice algo malo? —se animó a preguntar.
—No hijo, no has hecho nada malo—rebatió de inmediato María.
—¿Roberto? —buscó ayuda.

Desganado, el padre bajó los brazos de la mesa, se miró las uñas de los dedos y despúes se giró hacia su mujer.

—Prepárame un café, ¿quieres tomar algo Carlos?— Intentó sonar casual.

El joven negó con la cabeza. María se levantó y le hizo una mueca a su marido para que empezara hablar. Roberto parecía no saber por dónde comenzar.

—¿Carlos, has escuchado las noticias?—preguntó tras un breve silencio.

El chico afirmó.

—¿Sabes lo que eso significa?

María colocó la taza de café hirviendo en la mesa. Carlos asintió.

—Tu madre se ha quedado sin trabajo y durante los próximos dos meses ella se quedará en casa contigo y con Carmen. Carmen y tú se quedarán en casa también. No hay escuela.

—Sí, sí, sí…sí hay escuela —se apremió Carlos— po, po, po…podemos asistir a las clases virtuales.

María y Roberto cruzaron miradas. Una opresión en el pecho agudizó la voz del padre.

—Sabes que yo estoy sin empleo desde hace tiempo...
—Pe, pe, pe…pe…ro todos los días vas a trabajar —interrumpió Carlos.
—La verdad es que todos los días salgo a vender chucherías en la calle. Ahora, ya no puedo salir.—Roberto reveló un aire de derrota en sus palabras—. Hace un mes que no tenemos Internet. No te has dado cuenta porque no lo usas y casi todo el día estás en la escuela.

—Sí, sí, sí…sí porque allí tengo mu…mu…mu…cho trabajo con las pinturas y, y, y, y los lápices y, y, y tengo más jabón pa… pa…pa…ra lavar mis…mis…manos y, y, y…y….y puedo usar alcohol y tengo un…un…un…una alcoba para mí.

María, que parecía contener la respiración, se acercó a su hijo. Buscaba su mirada, sabía que cuando Carlos estaba nervioso, además de tartamudear más, la miraba por unos segundos, directo a sus ojos. Sin embargo, el muchacho, que había empezado a mover su cuerpo de adelante hacia atrás, seguía con la vista fija en sus piernas.

—Carlos, no tenemos Internet porque tuvimos un problema y no pudimos pagar las dos últimas mensualidades —confirmó su madre.
—Por lo tanto, no puedes asistir a las clases virtuales —confesó su padre.
—Puedes dibujar y pintar cosas lindas, pero tendrás que hacerlo en tu pieza o en otro lugar de la casa. Tú me dices dónde y yo arreglo todo para ti —dijo casi suplicando María.

Roberto bebió el último sorbo de café y le pasó la taza vacía a María. Ella se levantó y la colocó en el fregadero. Miró a Roberto y con el mentón le animó a que continuara.

—No vamos a morir de hambre. No te preocupes por eso. Pero tenemos que economizar en algunas cosas como…el jabón, el papel higiénico, los desinfectantes, guantes y toallas húmedas.

El rostro de Carlos no reflejaba ni asombro, ni miedo, ni nada.

—¿Entiendes lo que sucede? —consultó con timidez María.

Carlos empezó a respirar con fuerza y muy rápido.

Roberto creyó que le estaba dando otro ataque, se levantó de su sitio y corrió al lado de Carlos. María abrió el grifo casi de forma instintiva y dejó que el agua corriera.

—Tienes que escucharme —ordenó Roberto con firmeza e hizo un ademán para tocarlo.
—¡No lo toques!, será peor —le alertó su mujer.
—Esta situación no es para siempre. Tenemos un virus allí afuera y debemos tomar medidas dentro de casa. Necesitamos el alcohol para desinfectar los zapatos, la ropa que usamos cuando salimos, los guantes para ir de compras. —Roberto hablaba sin parar—. Hijo, el jabón tiene que durar más de un día. Nos ayudaría mucho si lavaras tus manos por menos tiempo y menos veces. El recibo del agua…bueno…es muy alto…
—¿Comprendes mi amor? —insistió su madre con los puños sobre el mandil.
—Fu…fu…e un regalo de mi pa…pa…padrino.

Carlos había dejado de mover su cuerpo, observaba el chorro de agua y parecía más calmado.

—Lo sabemos, pero en esta situación…tu padre y yo pensamos que no te importaría compartir tus regalos con nosotros, ¿verdad, mi amor? —suplicó María.

Roberto, parado al lado de su hijo calculaba los metros cúbicos que se iban por la cañería.

—Yo…yo…los necesito para limpiar mi dormitorio y lavar mis manos.

—Sí claro y los vas a usar.

—¿Puedo ir a mi pieza? —rogó el muchacho y sin esperar respuesta se levantó y salió de la cocina. Roberto se apuró a cerrar el grifo.

Carmen había escuchado toda la conversación desde el pasillo y a cierta distancia para que María no la viera. Carlos tampoco se dio cuenta de su presencia y pasó por su lado arrastrando los pies y sin detenerse.

—Tal vez podamos acomodar la habitación de Carmen para que Carlos haga sus trabajos allí, es grande y…

—Él ya ocupa el cuarto más grande de la casa.

—Es un artista, necesita más espacio—replicó María.

—¿Y dónde dormirá Carmen? No puede dormir con los olores de pintura…

María hizo una pausa larga en la que se sacó el delantal, lo puso sobre la mesa y se sentó en la silla frente a su marido.

—Pienso que deberías llevarla con su madre. —Roberto alzó las cejas, incrédulo—. Creo que es tiempo de que esa se ocupe de su hija. No podemos mantenerla.

—Es mi hija —reprochó.

—¿Y crees que no lo sé? —fijó la vista helada en él— ella me recuerda tu traición con esa…

—¡Cállate! Ya habíamos pasado página.

—Tenemos que ahorrar lo más que podamos. Ella es un gasto.

—Nos la apañaremos. Tenemos un bono mensual y además…

—No, no, Roberto. No podemos privar a Carlos de sus jabones, no soportaré otro ataque. ¿Es que no lo entiendes? —María empezó a rascarse los brazos y a mover su pierna derecha.

Entre tanto, Carmen corrió a su habitación y se metió debajo de su cama. Estaba asustada, no sabía que tenía otra mamá. No quería dejar su casa, ni a su padre, ni a su hermano. Tampoco a María, a quien llamaba mamá y quería mucho, a pesar de que nunca le daba cariño. Después de varios minutos escuchó murmullos y supuso que sus padres estaban discutiendo, todavía. Sigilosa salió de su escondite con la bolsa blanca que guardaba allí, se aseguró de que no hubiera nadie en el pasillo y a toda prisa caminó hacia la alcoba de Carlos. Cuando entró, su hermano sacaba punta a un lápiz marrón.

—¿Carlos? —llamó la pequeña desde la entrada, con una mano en el picaporte.

—¡Carlos! —insistió y dio dos pasos hacia adelante.

Carmen cerró la puerta detrás de ella.

—¿Qué haces? —se acercó—. Pero ¡qué bonitos! ¿Me dejarás jugar con ellos?

No le respondió. La pequeña, sonriente, veía la gama de colores de esos lápices. Los azules, los violetas y los rosados eran sus preferidos.

—¿Sabías que tengo otra mamá? —dijo Carmen de pronto— yo no lo sabía.

Su hermano colocó el lápiz marrón junto a los demás. Se quedó allí, sin decir nada. En ese momento, Carmen puso su mano en el cuello del muchacho y empezó a jalarle el pelo con sutileza, tal como lo hacía cada vez que estaban solos. Él cerró los ojos, bajó los hombros, respiró hondo.

—Toma. —Extendió la mano con la bolsa que llevaba y

como no le respondió, colocó el paquete sobre el regazo de su hermano.

—¿Qué es? —inquirió Carlos, con esa voz pausada que solo usa cuando está a solas con su hermana.

—Es tu regalo de cumpleaños —contestó la pequeña sin dejar de tirar del cabello del muchacho.

—No es mi cumpleaños.

—Ya lo sé. Pero si me voy a vivir con mi otra mamá no podré darte tu regalo.

Carlos abrió una gaveta de su escritorio, sacó un par de guantes de látex, se los puso y desanudó la bolsa ante la orgullosa Carmen.

—Son…

—¡Jabones!

La niña tenía la sonrisa pintada en la cara.

—Están usados… ¡Auch! —se quejó cuando su hermana jaló de su cabello con fuerza.

—Disculpa. —Y tiró mucho más suave—. Los he desinfectado con el alcohol antes de ponerlos en la bolsa. Los he cogido de la escuela. Sé que los necesitas. ¿Te gustan?

Entonces Carlos cogió los trozos de jabón y sonrió, con Carmen abrazada a su cuello

Saer está atragantando las imágenes.

De Miguel Antonio Guevara

Es fácil tomar la decisión de salir corriendo, ¿no? Abandonarlo todo, soltar el peso que cargamos, pero una cosa es querer y otra poder. Hay tanto que lo impide. La gente, la noche, los objetos. Hay luna llena y como siempre no deja dormir, mueve la marea, sacude el agua del cuerpo y los recuerdos. Saer está nervioso y no puede darle forma a su inquietud, sus manos tiemblan y están frías. Hay una sensación en el ambiente de algo malo aproximándose. Llueve. No ha sido la mejor noche. Están él y un hombre viendo al horizonte, es un paisaje que muestra la curvatura del mundo. Conoce al tipo pero siente desconfianza; sus ojos muestran una leve catarata, una nube, una bruma que no impide ver el brillo de ¿maldad?. Hay una tensión entre los dos. Saer se siente amenazado, lo sabe porque hay una incomodidad en el cuerpo, quiere mover los hombros, la espalda, pero teme que su acompañante se dé cuenta. Está asustado, las manos aún más frías, un atasco en la garganta. Aprieta la mano izquierda haciendo un puño y se acerca al hombre, puede empujarlo y caerá, se ve viejo y un poco débil ¿y si está armado? Si se mueve mal lo agarra en la jugada. Siente que cae al vacío y le despierta el golpe contra el piso. Se ha caído de la cama de nuevo. ¡No! Dice en voz alta. Está empapado en sudor. El hombre ya no está pero siente el peso de su mirada y la fuerza que hace unos segundos le atraía y separaba al mismo tiempo. Es como si su cuerpo fuera de hierro y hubiese estado en medio de dos grandes imanes y solo puede quedar en el centro sintiendo el jalón sin llegar a ningún lugar pero con la fuerza que le empuja sin moverlo de sitio manteniéndolo suspendido. Suena la alarma y la impresión le hace abrir los ojos, observa el rojo de los números del reloj digital parpadeando, vuelve a cerrar sus párpados y se queda en el sitio, a ciegas toma el aparato y extiende la alarma por quince minutos más pero la sensación del sueño no le abandona, se queda allí tirado sin levantarse como si durmiera. Se escucha la lluvia. Se levanta de golpe y acerca el control del televisor, siente algo vibrar en su muslo, ignora aquello y enciende su celular camino al baño. Tiene unos 60 mensajes en la bandeja de entrada pero solo uno le importa, mientras se soba la frente mira un pájaro que atraviesa la ventana. Se escuchan ruidos de motores y una ambulancia que atraviesa de largo a largo la avenida O´leary. Es imposible crear una vacuna, han dicho por la tele. El mensaje ha sido replicado por el chorro de medios. Después de haber visto el anuncio, Saer no ha hecho otra cosa sino ponerse en movimiento. Mira el reloj de su muñeca que marca las 8:11; en su mica se refleja el día que augura más lluvia. En su balcón hay un techo de zinc que canta cada gota. El ahora es un concierto, suena como aceite hirviendo. Está por salir corriendo. No ha dicho nada pero su rostro habla, en un segundo cambia de postura, ya no tiene el pecho hinchado como paloma orgullosa o sus hombros erguidos hacia el cielo, ahora están encajados en su delgadez, los ojos abiertos como una lámpara, los labios contraídos dejando ver sus dos hileras de dientes apretándose una contra la otra, una sonrisa vacía coronada por un ceño fruncido. Avanza sin mirar atrás. Es un bomba un lince una síntesis hecha en brocha gorda. Un grosero haiku. Una caligrafía idiota inclinada a la izquierda que según los grafólogos significa exceso de pensamiento en el pasado. Saer sabe que desde hace rato el mundo no tiene arreglo, que la noticia es el lazo del regalo. Y vive allí, en ese lugar imperfecto y por eso ha decidido marchar por el margen; tiene las muñecas gruesas y se recoge el suéter para secarse el rostro porque hace frío pero suda y la calle es ancha y se va por la orilla, la vía lenta paradójicamente, teme más cruzar la ciclovía que los andenes, hijueputa muévase, escucha y no voltea porque es uno consigo y es informe, ahorita tiene un hombro más levantado que el otro, su cabeza sigue hundida, no se sabe si está por estallar o quedarse inmóvil.

Saer está atragantado de imágenes.

No voy a morirme sin haber hecho una canción.

De Ezequiel Wolf

Desde que tengo memoria, me gusta la música. Me puede, pero más me pueden las canciones. Escribir qué son las canciones para mí, no me sería difícil. Describir qué hacen en mí, sí lo es…

Cuando empecé a escribir lo hice jugando a que, desde mí cabeza, fueran letras de canciones. Letras de canciones como punto de partida. Letras de canciones como puerto desde dónde partir o hacía dónde llegar en el mundo, en el tiempo o en el viento, siempre con mí cuerpo.

El tiempo pasó y la libertad cambió de forma. El acto y el trabajo de escribir se abrió en mí, y me abrió a mí como una flor, como un jardín.

La radio, los discos, los cassettes. El acto de rebobinar los compilados para el walkman con la lapicera en los ojitos de la cinta era otra forma de cargar(me) las tintas en la piel, en los dedos, en las manos, en los huesos, en la sangre derecho al *cuore* para alojar(sé)me adentro del cuerpo.

Me rodeé de músicos sin nunca haber dejado de escribir y la música me rodeó también. Además de latirme, soñé con álbumes propios y canciones. Hice programas de radio. Listas de canciones que me hubiera gustado escribir. Tenía canciones que sentía, habían sido hechas para mí. En el living de la casa en la que viví muchos años, y de la cual hablé, hablo y hablaré siempre como un personaje en sí mismo, vi gestarse una banda de rock con la que años después me hice canción.

Sin embargo, pasaron los años, y a pesar del sentimiento, la sensación era que la música me pasaba de costado. En ese "mientras tanto", escribí muchos poemas, varios cuadernos con ideas de libros y boceté (no) novelas, borradores de *nouvelles*, y nombres de futuros discos imaginarios. En ese tiempo empecé a pensar en la idea de un audiolibro, con textos y relatos propios. Básicamente quería vestir mis palabras con música para sentirme parte de algunas canciones y desandar a la melodía desencadenándose. Acto seguido verbalicé una táctica que muchos usamos, cabalgué sobre canciones ajenas. Este juego consiste en elegir una canción y sobre esa melodía cabalgar, jinetear esa melodía cambiándole la letra. La clave, nunca revelar la canción para que no nos la cadencia.

Con ese deseo, con ese anhelo como un secreto, en 2019 viajé a Hungría con una beca para estudiar Filología hispánica en la Universidad de Szeged. Pero en marzo de 2020 se desencadenó una pandemia que paralizó, que movió y removió muchas cosas, entre ellas, mis planes originales, los de perfeccionarme en los estudios de la lengua y focalizarme en la investigación.

La disposición de que la cursada fuese por computadora y desde casa, me hizo pasar más tiempo en el departa de la residencia en la que aún vivo, y la cual compartía con varios estudiantes, entre ellos, con uno que tenía una guitarra acústica, y que en varías de esas primeras largas madrugadas en la cocina hizo resonar en mí otra vez ese murmullo de la canción. Todo empezó una noche en la que uno de mis compañeros de piso tocaba flamenco y yo decidí leer en voz alta algunas páginas de mí cuaderno manuscrito de turno. Ese pulso motorizó el impulso de hacerme al fin con una guitarra propia, mía, elegida por mí. Si bien ya había tenido algunas guitarras en mis manos, una que fue prestada, otra que había en casa y una tercera que fue un regalo de cumpleaños, en algún punto, siempre las sentí como una carga, como una imposición. Por ello, cuando elegí a Madera, mi guitarra, algo que no supe que aún seguía en mí vibró dando señales de vida.

El año 2020 pasó, y con el 2021, llegó el segundo año de la pandemia. En noviembre tuve COVID-19. Ya había tenido síntomas, pero los test siempre habían dado negativo. En ese período de ventana y observación había escrito *Zona (a)bulias*, una serie de cinco relatos en los cuales narraba situaciones en las que el encierro era algo que abría la fantasía de todo lo que pudo haber pasado y no pasó. La cabeza drenaba en papel el escenario para pasar de un día al siguiente como puente actor de la próxima canción, una ficción en tercera persona. Un diario. En este caso la cuestión fue más fiera, más intensa y no había ficción. Era real, era de verdad y una vez recibido el resultado positivo fui conminado a quedarme en la habitación. La fiebre fue muy alta. Durante 10 días, la temperatura fue superior a 39 grados, habiendo llegado a picos o madrugadas enteras en las que el termómetro marcó arriba de 41. Quizás no haya sido parte del delirio de la afección el número 42. Todo eso lo fui registrando en mí cuaderno que funcionó como un diario de COVID. El subidón de temperatura fue repentino y no bajó hasta pasados los primeros 10 días y, salvo lapsos muy cortos de tiempo, mi cuerpo transitó la velocidad crucero de 39.5. Como (casi) siempre tomé nota de lo que (me) pasaba, pero a diferencia de otras veces, la intención fue plasmar y registrar cada cambio, cada suceso porque todo era nuevo. Todo, incluso el más vivo de todos los miedos. El tiempo no pasaba. El tiempo me pesaba y yo acostado en la habitación sentía que mi respiración cambiaba. Y mientras el miedo de a ratos crecía, también cambiaba. Algo adormecido que no quería dejarme morir, latió otra vez. Fue como un balbuceo, como un temblor. En ese momento dejé de jugar a describir y escribirme con los espacios negativos y, sentado en el borde de la cama, dije en voz alta: "No voy a morirme sin haber hecho una canción". Acto seguido, di *play* una de las melodías que había grabado en mi celular unas semanas antes y, con la guitarra en la mano, afloró el pulso de mi primera canción. El diario siguió registrando poemas, relatos, sensaciones, y letras de canciones también. El diario se llama *39.5 les arrels adormides*, las raíces adormecidas.

La motivación y el miedo dieron resultado. Aquel pulso que había acunado durante tanto tiempo se despertó. Casi dos años después sigo vivo, escribo, juego con música de otros y he hecho algunas bonitas melodías. Ya no voy a morirme sin haber hecho una canción.

II.

La Ninfa Eco

Textos seleccionados en la convocatoria de escritores jóvenes (2022)

/

La Ninfa Eco

Young Writers' Contest (2022)

Prologue by Dr. April Elisabeth Pawar (University of Oxford)

In the pages which follow, these talented young poets exchange visions and revisions of love, loss, and the ache of forbidden intimacy. Across the space of this anthology, images dance into a silent fury. Death, floods of insight, money, forgiveness, freedom, and intensely felt moments punctuate the collection as leitmotifs. In this moving compilation of poems, the Young Writers' Contest participants invite us into the sanctuary of their imaginations.

From our first encounter with Alma Ospino's angelic sensitivity that destroys, to Francisca Ustáriz's truth... plain and simple, raw... a dead flower... destroyed and lonely, we are invited to feel the poetry, not only to analyse it. Perhaps it is felt poetry that will save the author from the cold grip of Generative Artificial Intelligence. There is nothing cold or artificial about this poetry. Here, we find echoes of a collective song that is at once beautiful as it is painful. Antonia Revolv describes how young and beautiful bodies swim in rubbish, sink and
rise. We hear Florencia Carolina Rojas describe a world that didn't let us love, it tried to turn off our colours. We encounter the light and pure tones that give the object of love an even greater feeling of freedom, and meet this freedom that cries listening to 'Yesterday' and dances when 'Twist and Shout' comes on (Escritora Descompensada).

In reading these selected pieces, you will discover Bella Rotker's weirdness between us... holding like air in its teeth and her bookstore brothel, with its Hoover and Horace. Mirrors and reflection also offer an insight into these authors' poetic experiences. Agustina Aramí Ayala brings the reader a face [that] fluctuates every day, while Skye MacCallum shows us a mirror portal and a heart [like] butter, and Ramona Castillo brings us to a darker realm of shattered mirrors, the dead children, the white glasses. Prepare to have your heart broken.

Dr. April Elisabeth Pawar
Ascot, United Kingdom, 2023

Prólogo de la Dra. April Elisabeth Pawar (Universidad de Oxford)

En las páginas que siguen, estos jóvenes poetas talentosos intercambian visiones y revisiones del amor, la pérdida y el dolor de la intimidad prohibida. A lo largo del espacio de esta colección de poemas, las imágenes danzan con una furia silenciosa. La muerte, las inundaciones de perspicacia, el dinero, el perdón, la libertad y los momentos intensamente sentidos marcan la colección como leitmotiv. En esta conmovedora recopilación de poemas, los participantes del Concurso de Escritores Jóvenes (11-18 años) nos invitan al santuario de su imaginación.

En un principio se puede apreciar la sensibilidad destructiva y angelical de Alma Ospino, mientras más adelante se puede acceder a la verdad de Francisca Ustáriz, una verdad simple, llana, pero cruda… una flor muerta… destruida y solitaria. Nos invita a sentir la poesía, no sólo a analizarla. Quizás sea este tipo de poesía sentida la que salve a los autores de las frías garras de la Inteligencia Artificial. No hay nada frío ni artificial en estos poemas. Aquí encontramos ecos de una canción colectiva que es a la vez hermosa y dolorosa.

Antonia Revolv describe cómo los cuerpos jóvenes y bellos nadan en la basura, se hunden y elevan. Escuchamos a Florencia Carolina Rojas describir un mundo que no nos dejó amar, intentó apagar nuestros colores. Nos encontramos con los tonos claros y puros que dan al objeto de amor un sentimiento de libertad aún mayor, y nos encontramos con esa libertad que llora escuchando 'Yesterday' y baila cuando suena 'Twist and Shout' (Escritora Descompensada).

Al leer estas piezas seleccionadas, descubrirás la extrañeza de los poemas de Bella Rotker que se mantiene como aire entre los dientes…con su librería burdel con Hoover y Horace. Los espejos y el reflejo también ofrecen una visión de las experiencias poéticas de estos autores. Agustina Aramí Ayala trae al lector un rostro que fluctúa cada día, mientras Skye MacCallum nos muestra un portal de espejos y un corazón hecho mantequilla. Por su parte, Ramona Castillo nos lleva a un reino más oscuro de espejos rotos, niños muertos y gafas blancas.

Estimado lector prepárese para que te rompan el corazón…

Dra. Abril Elisabeth Pawar
Ascot, Reino Unido, 2023

Prólogo de Xime Silva

Pocas veces las voces de los jóvenes escritores en el mundo literario cuentan con espacios para poder visibilizarse en la industria editorial de manera independiente y autogestionada. Desde pequeña, he querido contribuir y pertenecer a este mundo, pero nunca había encontrado la plataforma correcta. Esto cambió cuando en mi segundo año de mi bachillerato, me encontré con la organización de La Ninfa Eco, quien me interesó por su enfoque en textos literarios bilingües—siendo que estudio escritura creativa en Estados Unidos, pero soy originalmente de la Ciudad de México. Por esta razón, me comuniqué con ell@s para preguntarles si podía formar parte del equipo. Para mi sorpresa, la respuesta fue positiva e ingresé al equipo como escritora joven residente durante el 2021-2022. A los pocos meses, propuse que hagamos una antología de poesía y microficción que exhibiera los talentos de escritores jóvenes queer. La razón por la cual propuse esta temática fue porque representa, en parte, los intereses de nuestra generación a la cual pertenezco. Después de meses de trabajo por parte de todo el equipo, recibimos y seleccionamos las piezas que formarían la siguiente antología.

Prologue By Xime Silva

The voices of young writers are rarely given a space in the literary world to gain visibility in the publishing industry. Personally, since I was really young, I've wanted to contribute and be part of this world, but I had never found the right platform. This changed when, in my sophomore year of high school, I came across La Ninfa Eco, who piqued my interest because of their focus on bilingual literary texts. I study creative writing in the United States, but I am originally from Mexico City. I contacted them to ask if I could join the team, and, to my surprise, the response was positive and I joined the team as Young Writer-in-Residence for 2021-2022. Within a few months, I proposed that we do a flash fiction and poetry anthology showcasing the talents of young queer writers. I proposed this theme because it represents, in part, the interests of the generation to which I belong. After months of work by the entire team, we received and selected the pieces that would form the anthology.

Visita al pasado.

De Alma Ospino.

Me pregunto si "extrañar" tiene una mejor definición que echar de menos a alguien.

Hoy la extraño en la distancia y en el brusco movimiento de las olas del mar, la extraño por su belleza fría, por su remota y obsesiva idea de querer a la antigua.

La extraño cuando cruzó la avenida descalzo y el faro hace visible su tintineante luz rojiza.

Extraño y añoro la manera en la que su mirada tropezaba con la mía.

Extraño sus gestos y lo prisionera que decía sentirse en su viejo coche azul.

Extraño la inversa que agregaba a sus palabras y el olor de los baúles con especias que guardaba debajo de su cama.

La extraño a ella, cerca de mí, brillante y melancólica.

Extraño el café intenso y somnoliento de sus ojos y el irascible color dorado de su cabello.

Extraño su rara autonomía y el "haz" asaltante de su sonrisa.

Extraño hasta la manera que tenía de servirse el agua helada en la nevera y lo distinguida y moderna que se veía con su largo traje rosa.

Extraño el color que le proporcionaba a mi vida y la sensibilidad angelical que tenía para destruirme.

Una cara que no es del todo mía

De Agustina Aramí Ayala

Mi cara fluctúa todos lo días
como si el simple hecho de parar
sea un hecho de muerte para mi rostro.
En mis días de suerte, mis ojos son gigantes y brillan, pero
usualmente son tan pequeños que se hacen canicas, que
ruedan y caen más allá de los límites de mi cara. Intenté
mapearla y cartografiarla,
pero el mínimo roce con la luz
hace que el terreno cambie,
que mi cara reviente y se hunda.

He aprendido a no ser mi rostro,
a no cambiar cada día con él.

Me he educado para saber que
quizás nunca descifre mi propia cara
y que eso está bien

They Are Never Too Young.

De Francisca Ustáriz

There's a little girl waiting in the lunch line.
Look at her try and tell her the truth, your version of it,
plain and simple, raw.
You know these words
are but daggers to her young soul.
She knew even back then it was unfair,
when you forced her to take your way.
Why should she eat less
just because the girls in her time are half her size?
She's trying, she swears.
She's too young to understand or care. Wait a few years –
she'll hate herself enough
To her, you'll win,
because she couldn't try hard enough.

Nature Is Not Meant to Last Forever.

De Francisca Ustáriz

What once was ours is no one's now.
We stare at each other in disbelief.
How could we let it shatter?
We have been growing it for months:
cutting the weeds,
watering the ground,
watching its roots,
letting them spread around.
It was never yours, never mine.
It was simply us.
My love, my mind.
Why do we grow what never seems to stick around?
Why do we tame what is meant to be wild?
Shall we always be cursed for our mistakes?
Will we be able to end the cycle one day?
The dead flower seems to be looking up,
destroyed and lonely,
helpless and mend-less.

La dicha de algunos y la pena de otros.

De Jacinto

Dichosos los que pueden amar con libertad y vivir con tranquilidad.

La vida es difícil en distinta medida para todos, pero sobre todo es difícil para nosotros los diferentes. Aquellos que crecimos temerosos de mostrarnos como somos, aquellos que

vimos cómo les arrebatan la vida a personas por amar a su manera, aquellos que crecimos

rodeados de romance, mas nunca se nos otorgó el permiso para amar.

Las personas a las que llaman "normales" difícilmente sabrán y entenderán lo que es crecer con el corazón encarcelado, pero al acecho de las flechas de Cupido.

Ellos no saben lo que es saber que si mostramos nuestros colores, la sociedad intentará sofocar nuestras vidas.

Vivir viendo por las ranuras de un armario como las parejas heterosexuales aman libremente mientras que nosotros, cual ratas, nos escondemos.

El mundo no nos dejó amar, intentó apagar nuestros colores, ahogar nuestros sueños, pero aquí seguimos

Durante el baile.

De Ayelén

Las gotas de la recientemente aparecida lluvia no eran un impedimento para Doris, quien movía su frágil cuerpo con la gracia y elegancia que solo ella podría demostrar. Su vestido de tonos claros y puros le daba una sensación aún mayor de libertad y, junto a sus hebras castañas, se volvía una con la danza donde era guiada por la música de la naturaleza. Frente suyo, con una sonrisa adornándole el rostro, se encontraba su amada, Elizabeth, cuyos ojos solamente estaban para ella. Se levantó e hizo una reverencia antes de tomar su mano justamente como la primera vez, aquella donde luego de oficializar el noviazgo y aprovechando que se encontraban en una sala de danza, dedicaron un tiempo especial para dejarse llevar en su propio mundo donde los recuerdos hirientes y pesadumbres quedaban atrás.

COULD LOVE.

De Sky Barr

Quizás la clase de Inglés comenzó la travesía. Se dice que en otros idiomas surgen varias cosas: Magia.
¿Era así antes? ¿Yo era así? ¿Por qué? ¿Puedo evitarlo? Las preguntas siempre me invadían.
"Eres muy complicado, Mike", esas fueron sus primeras palabras cuando hablamos sin parar. Su sonrisa, su forma de hablar son cosas en las que empecé a fijarme, involuntariamente.
Regresé a casa con una sonrisa. Todo marchaba sobre ruedas, pero siempre hay movimientos, el mío: los celos, mi amigo se iba con un idiota.
¿Qué pasaba? La confusión llegó a mí, ¿Era correcto sentir esto? ¿Era normal?
Descubrí que me había enamorado, no estaba bien. Comenzó siendo una locura. Las preguntas a Google, investigar no era fácil, pero era yo.
Me levanté y destruí esos estereotipos. Ese primer amor dolió. No terminó en bonito
cuento de hadas, el rechazo rompe, los comentarios, pero era yo, no era una rareza.
Podía amar.

A través de los sueños.

De Florencia Carolina Rojas

Aquí yo, como siempre, desolado. He despudeseado liberarme de esta angustiante oscuridad. La soledad que cargo encima es un pretexto para odiar. Afortunado aquel a quien quiera.

Ojalá el mundo estuviera bajo mi poder, así yo haría lo que querría. Existe tanta diversidad que siento no encajar. Puede que sea producto de mi imaginación pero, cada vez, me percibo peor.

Intentar conocerlo fue la peor decisión que tomé, pero enamorarme, mi fallecer. Pasé días y noches pensándolo, hasta que cambié de parecer. Imaginármelo, disfrutar en mis sueños, un anhelo sin saber.

De ahí que lo conocí a él. Imprevisto fue. Sin tener en cuenta, lo acepté. ¡¿Quién lo hubiera imaginado?! Tal vez, la necesidad de mi ser. Un amor prohibido es.

Tanto placer me brinda. ¡Por fin, lo deseaba! No me molestará morir por ti. Mi querido Íncubos, siempre estaré para complacerte.

Lucha es pobre, pero pobre pobre.

De Escritora Descompensada

Supongo que conoces a Lucha, la que trabaja en Paicaví con Carrera. Claro. Lucha es pobre, pero pobre pobre, la mujer no tiene auto, menos una bicicleta prestada. Chupasangre adinerada de los hombres que vienen a tocarla por un rato. Escucha a *The Beatles* a las tres de la mañana, llora escuchando "Yesterday" y baila cuando suena "Twist and Shout". Le gusta su trabajo. Ella es feliz porque le alcanza pal' agua y la comida. Ella no tiene luz en su morada,

¿Te conté que era pobre? Llega cada semana luego de trabajar a sacarse sus vestidos de niña de doce años, donde se le ve todo, hasta el alma, y con los típicos moretones que le dan sus clientes al saber que Lucha era pobre, pero no por el simple hecho de serlo, sino al darse cuenta que era Lucho el pobre, pero pobre pobre.

Interminable.

De Antonia Revolv

Amanece en un arrabal cualquiera; los jóvenes lloran, no hay consuelos ni esperanzas. Una más murió del mismo modo, ahogada. Cuerpos jóvenes y hermosos nadan en desperdicios, se hunden y salen a flote. El cuerpo en los desperdicios avanza con el correr de las olas, se aleja. Desde la orilla, sus amigos intentan hacer algo. Uno muere cada noche.

Acuden a la policía, explican que necesitan salvar a su amiga. El oficial no puede hacer nada, pasó, al río no caen los inocentes.

Los jóvenes vuelven a casa, piensan en los perdidos en la vasta estepa marrón. Mañana morirá otro, su muerte no será asistida y así hasta que no quede ninguno. Al final se reunirán. Los cuerpos se encontrarán en el río, recordarán sus vidas travestidas, cuando usaban brillos y sobrevivían a costa de lamentos y diversión, y buscaban dinero y terminaban muertas, abandonadas.

Glamping Outside Taco Bell.

De Bella Rotker

The weirdness between us holds me
      like air in its teeth. We're on the roof
            of your dad's car when you mumble

something about Nietzsche and how we
      killed God. I can feel your lipstick
            mixing with the Baja Blast and am trying

only to pay attention to the stars. I can barely
      see over the street lights and neon signs
            and your perfume, but god, look at it.

All I know is you're talking about God,
      and how could we have killed him
            when you look like that under green

and purple lights. The sand around us
      stretches down miles. I'm not sure
            we could have killed something we can't

prove ever existed, but you're right
      about this. Love, I did kill us, and I'm not
            sorry. You taste like tequila and *Live*

Mas and you're wrapped around me on top
            of a car in this stupid desert, and maybe
                        we are dead. Here, there's nothing left

of us but the glass bottle and parchment
            wrappers and your lipstick smeared down
                        my neck. Here, I'm becoming you.

EIMN.

Otra vez se escribe la misma historia...
1.
Te gusta
2.
Le hablas
3.
Te enamoras
4.
Consigue novia
5.
Lloras
6.
La novia es tu amiga
7.
Deja de ser tu amiga
8.
Le hablas con confianza pero no quieres porque es doloroso verlo feliz con alguien más. Es triste porque ella ahora te cree su enemiga porque le caes bien a su novio, cuando sabes que todo es un complot en tu cabeza.

Era una época feliz cuando llegaba a comer con tu grupo y lo veías jugar UNO contigo, pero después no vio con ella y se empezó a separar, se distanció del grupo y todo volvió a cómo había empezado. Sin nada entre tus manos, te habías olvidado del 1ro pero el 2do fue aún más doloroso porque creíste que sería diferente, sin embargo, resultó aún más difícil, más desesperante.

Aun no lo olvidas pero, tienes que hacerlo.

Enamorarse es de personas adultas no para pequeñas como yo, que piensan que todo será diferente, que será mejor, pero es todo lo contrario... Resulta
ser peor, más doloroso para ti y para los demás.

When My Coworker Says a Bookstore Is Kind of Like a Brothel.

*De Bel*la Rotker

Customers take their pick
of Hoover and Horace and pay
in cash. We split bills, shelve,
reshelve. You come in while she's
at the CVS down the mall, ask
for Siken and history, say something
about personal history. I'm staring
at the bills in my hand and trying
to only notice Hamilton's profile
and not the fact that you're wearing
the lipstick I left at your place
that night I told you it was over,
or that you're finally reading
the poets I told you to. I ask you
to spell your last name for the loyalty
program, ask if you'd like to receive
a few emails about in store events,
the occasional promotion. I don't
ask about the girl that's always
on your Instagram. I don't point out
that she looks just like me
or that you're five cents short.

Sobre unos ojos tristes y otros de gafas.

De Ramona Castillo

Lo referido tiene tanto de rumor como de cierto.

Alejandra recibe la carta, devora cada una de sus palabras mientras pasea por la habitación (que oscila como un barco). Busca algún papel dónde escribir su respuesta, quiere apresurarse, la muerte le es cercana, la llama hace años.

Entrega la carta y esperada respuesta, creo que ya anocheció, queda en la poesía.

Silvina no responde. La mujer de ojos tristes se retuerce de fiebre, jura que no molestará. Pide un lugar en Silvina, Sylvette, qué importa el idioma mientras responda ella: la de los espejos destrozados, de los niños muertos, de los lentes blancos.

Warping My Portrait.

De Skye MacCallum

In eyes of my mirror portal
every simple small unnoticeabl
flaw is revealed to me,
Only
everything I'd rather not see
stubble from laziness
of non-shaved self-realization
chin, slightly too square
for my square expectations
that have been squared by recent
meetings on mount Sinai with myself
when I followed the command
of the burning bush in me
I raised the blade, to sacrifice
my son was also me
nurtured in ignorance
I was showered with reward
my faith in myself
returning to the mirror
a glance and, blackjack!
a turn of the head was all that
was required
now my eyes pierce and shimmer
in the perfect way that seems
right to me

lashes flow and flutter
my hair: monument to foresight
of a feeling yet revealed
at Sinai
this and that all, my heart is like butter
clutch my chest hands clasped
as victory flows up my spine

Just friends?

By Sylvie McAlpine-Lee

Love
Or at least I think it is
I'm not sure, to be honest
What's mine and what is theirs?
Do I like her – more than a friend?
Or is my head just in the way?
Maybe I'm reading too much
Between the blurry lines
Her smiling eyes
Soft hugs, kind heart
The little sounds she makes
But is it real?
Aren't we just friends?

She won't like me back
No way in hell
I'm so not her type
Plus, we're friends
I'll just make things weird
That's what we are
"Just friends"
I want to be more
I want to be something
I ask for nothing in return
No kind words

Or rushed answers
I just wanted you to know
I like you

III.
La Ninfa Eco
«Territorio de Plata»
Una antología de poemas
sobre Argentina realizada por
escritores de todo el mundo

/

«Land of Silver»
A Poetry Collection about
Argentina with Writers from
Across the World

Poemas de Stephen Paul Wren

Tierra de plata

El cartógrafo Lopo Homem la llamó 'Terra Argentea' en 1554. Los exploradores que encontraron familias en el Río de la Plata fueron bendecidos:

Pudieron ver el tajante
río de la plata,
Recibir la gracia
de la plata brillando.

Malbec argentino

Caminando
de manera trabajosa
entre ciruelas,
me sumerjo
en las olas de cerezas
para despedir los días
para despedir las violetas
y las costas de cacao
que están al alcance
como estos aires de un vino nuevo
impulsado por los soles
envejecido por la madera del roble.

Buenos vientos

(Recordando a Pedro de Mendoza en 1536 y a Juan de Garay en 1580)
*

Sus palmas hacia arriba pintan muchas almas
con azafrán y cian, pues aquí con este sol,
en este hogar, Buenos Aires, que comienza a formar
un puesto comercial,
y que con su propio olor
empieza a llenar las narices coloniales.

Marcelo

Marcelo siempre metió la pelota donde quiso:
esquina izquierda, esquina derecha, techo de la red, arriba
de los Andes, en la región del Chaco.
Ya no le quedaban cartílagos en las rodillas.
Y en este asunto, su fluir se mezclaba con su sangre como
si fuera el tiempo mismo,
detenido en las fértiles tierras pampeanas.

Marcelo era como Maradona para mí.
Era un abrir y cerrar de ojos, un ojo que todo lo ve, un ojo
de buey.
El Río de la Plata le tomaba el volante,
arremangando los bordes de su elegancia.
En un camino de costas besadas, a la tierra
de sus ansias, a la tierra de su alma.

Río de la Plata

Destellos lustrosos en el agua
y brillos más anchos que el mundo dormido
¡Oh, río!
Río de la Plata,
cúbreme dulcemente,
con gafas,
Llevame hasta Florida
y de vuelta a casa.

Poema de Michelle Madsen

Fragmento de "A La Grasa"

En algún lugar entre la pampa y una granja porcina existió
un martes
—que es mala suerte en Argentina
pero ambivalente aquí—
en un lugar donde los pantanos yacen planos bajo cielos
alargados,

un lugar en el que hicimos chorizos a la brasa en la cocina
de tu memoria
—ese cadáver despojado, masacrado—
por tu abuelo, tu abuelo de hombros anchos,
el mismo que mantuvo todas las cosas unidas,
que engendró ese puñado de niños,
aquellos que se metían en los maleteros de los coches y se
arrastraban como una bola inflable,
en la pampa que arde desde las luces de los Chevrolets,

y fue en el Hotel Des Imigrantes que hay una puerta:
'Brussino de Pinerolo',
que abre a la entrada de una tierra rica,
con un gran potencial —oh, encerrado, oh, cercado—,
borrado, vivo, distante, sin aliento.

Y fue en esas sierras de Córdoba que nos encontramos con
un hombre que hablaba con los árboles,

y lo llamaban a su casa que era un lugar, sencillo, como una choza,
con amplias ventanas que llegaban hasta el suelo, y en donde había hojas en las páginas de sus libros y revistas,
que bordeaban las paredes, que caían en la mesa donde tomábamos mate,
y doraban, pavimentaban, desmoronaban,
los troncos parecidos, pero reinventados, de los cerros.

Me pregunto de dónde vienen esas historias,
cómo han crecido con el abono de las hojas,
cómo han respirado, adoptado esta tierra,
cómo las lágrimas me hincharon los ojos mientras el rostro de ese hombre se iluminaba con el sol de la tarde,
diciendo 'pertenezco, pertenezco, pertenezco'.

En ese campo de gladiolos, lleno de pesadas arañas,
me imagino unas piernas altas caminando, plantando, sabiendo,
reverdeciendo este lugar al borde de la basura, echando raíces, dedos tostados por la tierra,
volviéndose terrones sin dueño, que no ganan una y otra vez,
hasta entender lo que es vivir de nuevo.

¿Cómo prometer devolución?
¿Cómo encontrar los huesos?
¿Cómo traer de vuelta a los muertos…?

No hay grandes fondos de jardines aquí, ni hay patios para asados,
sino un cobertizo que está afuera con juguetes viejos.
Juego con un barril, hago una poción,
planto una semilla muerta en el hueco de algún manzano,
recordando la antigua promesa de usar todo lo que hay,
como todo lo que habrá.

En esa memoria, en ese recuerdo, el barril no se fijó bien,
el chorizo se pudrió,
la carnicería anual se deshizo,
la sangre quedó dividida para nadie —excepto para las
moscas—,
y para nosotros,
que quedamos
en los bordes del presente,
saboreando la humildad.

Poemas de Enrique Bernales Albites

Malba 2019

> *y porque Buenos Aires no pudo mirar esa muerte*
>
> *Jorge Luis Borges*

Me dijeron que viniera,
que iba a reflashear,
de Pueyrredón al 1900
hasta El Malba
son veintiún minutos caminando.
Hay que comerse la cancha
como a esta ciudad.

Llegué al Malba o
a su larguísima cola —que es lo mismo—
en menos de dieciocho minutos.
Me encanta vencer el tiempo estimado
de Google Maps.

Tengo una fe ciega
en mis gambas,
que me han salvado
tantas veces de morir.

Al lado del Malba,
hay una plaza,
República del Perú,
con unos arbolitos burgueses,
que los peruanos desconocen.
En Lima, en cambio,
hay una avenida, Argentina,

que no es para nada burguesa
ya que carece de árboles.

Los argentinos no la conocen
porque no está en Miraflores.

En el verano, el calor allí
es insoportable
y hay que tener cuidado
con los pungas.

Por la Avenida Argentina
de Lima
cruzaba así el tren de carga
y se llevaba los minerales…
Y a veces los trabajadores
nos saludaban
con las manos,

Está lloviendo en Baires,
por la avenida Figueroa Alcorta
pasan raudos
buses,
autos
y remises,

En ocho meses
esta calle
va
a estar vacía

y mis gambas,
como las de Dios,
no me van a poder salvar:

en Lima o Buenos Aires,
en el Malba o Miraflores,
los cuerpos se pudren bajo la misma lluvia.

Strassenszene: Constitución

*Penumbra de la paloma llamaron los hebreos a la
iniciación de la tarde*

Jorge Luis Borges

Necesito confesar que
nunca puse un pie en Consti.
Estuve muy cerca, ¿a algunas pulgadas?
Estaba visitando
el lugar exacto de la ejecución
de Rodolfo W.
durante el largo invierno de 2019,
antes de que aprendiéramos palabras como Zoom,
distanciamiento social, y el particular
significado de la palabra héroe patrocinado por The Who,
no la banda de rock, precisamente.

No pude encontrar
la casa de Rodolfo en Tigre, en cambio
encontré consuelo contemplando
un campo de golf
a orillas del río Sarmiento
mientras devoraba un alfajor Havanna.

Hay lugares en el mundo,
lugares míticos,
para Borges es el Sur,
para Homer Simpson es Springfield,
para Ulises es Ítaca,
para Virginia es una habitación,
y para mí es Consti.

Estos no son lugares reales,
como metáforas viven
en el corazón de los seres humanos y se desvanecerán
cuando la poesía se convierta en un lenguaje sordo
cuando los hombres olviden por qué luchó Rodolfo W. con
una pistola y una máquina de escribir.

En Consti no hay tesoro;
cada espectador es la recompensa,
pero esa mañana del 25 de marzo de 1977,
en el cruce de San Juan y Entre Ríos,
Rodolfito fue el único botín.

Recoleta

> *Y anhelamos el sueño y la indiferencia.*
> *Jorge Luis Borges*

Estaba dando vueltas.
Para mí, Recoleta
es como Machu Picchu
Un rejunte de piedras muertas.
Me recuerdan
la estupidez de la riqueza:
la estupidez humana.

Estaba dando vueltas,
enterrando una pena de amor.

¿Por qué traje una piedra muerta,
una pena de amor,
desde Colorado hasta Argentina
con una breve parada en Perú?

Todavía me sigo haciendo esa pregunta.

Una pena de amor es
como un ángel en la nieve.

Una pena de amor es como Recoleta
o Machu Picchu: una pizza sin queso.

Poemas de Paula Giglio

Ciudad

Del libro *En el cuerpo* (Ed. del Dock, 2016 / Liliputienses, 2022).

> *A mí se me hace cuento que empezó Buenos Aires:*
> *la juzgo tan eterna como el agua y el aire.*
>
> *J. L. Borges*

1

Átenme a la ciudad donde nací
porque me vuelo.
¿Qué significa tener la compulsión
de mirar por la ventana?
Desde el espacio
un astronauta observa la Tierra,
y el síndrome de mirarla fijo
se prolonga durante horas.
En la quietud de mi efecto perspectiva
yo veo un puerto, y más allá
la esquina dulce que una vez
caminé indómita.
El primer encontronazo:
un gigante donde el estuario del río
parecía una vena y, llegado un punto,
la sangre de ciudad era el agua del mar.

2

Mi cabeza adopta el tamaño
de la ciudad en donde está.
Aquí la inteligencia es un gesto facial:
en el subte, pareciera que todos
han podido encontrarse a sí mismos.
Eso dicen sus quehaceres

durante el viaje;
cada cual en la suya,
perdido en sus aditamentos.
Individualismo,
dirán los del interior
con tonada rústica.

3

Caminar por San Telmo
se parece a no llegar tarde.
Los borcegos de cuero
comprados recién en la feria
marchan a un ritmo que no sale
de ningún lugar conocido.
Llueve:
todo sigue pero con paraguas.
La humedad intensifica los olores,
incluso el de las bolsas de basura
que están rotas en la vereda.
Esto ya no es un paseo de turista:
es el barrio donde quiero vivir
a pesar de sus contracaras.
Alguna vez, por la calle Defensa,
el pueblo salió a pelear con cacerolas:
sobre eso, la basura nada importa.
Imagino una cotidianidad.
Soy clienta de Verdulería Chicho
y vivo en el edifico de enfrente.
Si me dan vuelto, puedo comprar
alguna antigüedad barata;
y así serían mis domingos.
Así pasa este.

Poema de Francisco Muñoz Soler

Ínsula de prosperidad

El hambre, la desesperanza, el desarraigo,
abona el desamparo, cava el ánima,
mientras cantos lejanos de sirenas
prometen un arcoíris en vastas tierras,
una ínsula de prosperidad con puertas abiertas.

Una avalancha de crudeza le sepulta
en La Boca, la hiel le devora la esperanza,
le abraza la intemperie en tierra extraña,

con un hatillo o una carga de hijos
encuentra refugio en un conventillo,
de campesino convivía en un establo
ahora emula su vivir a las palomas,

hacinado en una pieza oscura intentando
esquivar el cólera o la fiebre amarilla,
por el tragaluz del patio deja ir la mirada
en el ancho cielo y con la esperanza
de destruir el bucle de miseria,

retorna el sueño de las Américas,

canta, Mamma mamma, dame cien liras
que a la América quiero ir,
con el pecho hendido de Buenos Aires
y el tesón indesmayable para mejores días,
esquivando la realidad que la codicia
ha convertido su ilusión en quimera.

«Land of Silver»
A Poetry Collection about Argentina with Writers from Across the World

Poems by Stephen Paul Wren

Land of silver

The cartographer Lopo Homem called it 'Terra Argentea' in 1554. The explorers who found families in the Río de la Plata were blessed.

See the river of silver,
cutting.
Receive the gifts of silver,
shining.

Argentinian Malbec

Wading through plums
I take the plunge
in cherry swims
to sign off days
the violets
and cocoa shores
are within reach
airs of new wine
propelled by suns
aged by oak wood

Fair winds

(Remembering Pedro de Mendoza in 1536 and Juan de
Garay in 1580)
*
His upturned palms paint many souls
with saffrons and cyans, for here
under a trinket sun, is home
Buenos Aires begins to form
Just a trading post, it's own smell
filling colonial nostrils

Marcelo

Marcelo put the ball where he wanted
Left corner, right corner, roof of the net
Up the Andes. In the Chaco region.
He had no cartilage left in his knees
Fluid therein mixed with his blood like time
breezing through the fertile Pampas lowlands

Marcelo was Maradona to me
Blink of an eye, all seeing eye, bullseye.
The Río de la Plata held his wheels
tucked up and riding brims of elegance.
All the way to starkissed shores, to the land
of his cravings, to the land of his heart

River of silver

Lustrous glints in the water
and glosses
Wider than the sleepy world
O, river!
River Plate, cover me sweetly
with glasses
Forward to Punta Gorda
and back home

Poem by Michelle Madsen*

Fragment: 'A La Grasa'

Somewhere between the Pampas and the pig farm
Born on a Tuesday
Unlucky in Argentina
Ambivalent here
Where the fens lie flat under lengthening skies

We make *chorizos a la grasa* in the kitchen of your memory
The carcass stripped, butchered by your broad-shouldered
grandfather
The one who held things together, fathered a herd of
children
Who slip into the boots of cars and creep out to the Swiss
ball
As the pampas burn in your Chevrolet headlights

At the Hotel Des Imigrantes there's an entry
'Brussino de Pinerolo'
An entry ticket to a rich land -
O vast potential! Enclosed, ringfenced
Erased, alive, distant, breathless.

In the hills of Cordoba, we meet a man who talks to trees
They ring his house, a simple place, shack-like.
I remember wide windows which reach to the floor

How the leaves of the pages of the books and the magazines
- Which line the walls, ring the table where we drink maté -
Are browning, pale, crumbling.
Reformed cousins of the trunks on the hill

I wonder where his stories come from?
How he has grown with the leaf mulch?
How he has breathed in, adopted the earth here.
How tears prick my eyes as his face, alight with the late-
afternoon sun,
Says 'I belong, I belong, I belong'

In a field of gladioli, thick with weighty spiders
I imagine tall legs striding, planting, knowing
Greening this place on the edge of the waste
Putting down roots, fingers browned by the earth
Turning unowned, unearned clods over and over
Until we understand what it is to live again

How to promise return
How to find the bones
How to bring back the dead

No great houses here, no patios for *asado* but a garden
shed with old toys in it.
I play with a barrel, make a potion, plant a dead seed in the
crook of the apple tree.
Remembering the ancient promise to use all there is as it is
all there will ever be.

In that old memory, the barrel lid wasn't fixed properly
The chorizo spoiled
The annual butchery undone, blood split for no-one
Except the flies
And we here, on the edges of now,
Relishing what remains of humility

Poems by Enrique Bernales Albites

Malba 2019

> *y porque Buenos Aires no pudo mirar esa muerte*
> Jorge Luis Borges

They told me to come
that I would go nuts,
from 1900 Pueyrredon Av.
to El Malba
is a twenty-one minutes' walk.

You must eat the field
like this city.

I arrived at El Malba or
to its very long line —which is the same—,
in less than eighteen minutes.
I love to beat the estimated arrival time of Google Maps.

I have a blind faith in my legs,
they have saved me so many times from dying.

Next to El Malba,
there is a square,
Republic of Peru with some bourgeois trees,
but Peruvians are unaware of it.

In Lima,
there is an avenue, Argentina,
that is not bourgeois at all, since it lacks trees,

but Argentines don't know it
because it is not in Miraflores.
In the summer, the heat there is unbearable,
and you must be careful with the pickpockets.

Along Argentine Avenue in Lima
the freight train was moving with its precious cargo...
And sometimes the workers greeted us waving their hands,

It's raining in Buenos Aires,
along Figueroa Alcorta Av.
buses rush by,
cars
and taxis,

in eight months
this street will be empty,

and my legs,
like those of God,
won't be able to save me

In Lima or Buenos Aires,
In El Malba or Miraflores,
bodies rot under the same rain.

Strassenszene: Constitución

Penumbra de la paloma llamaron los hebreos a la
iniciación de la tarde
    Jorge Luis Borges

I need to confess that
I never set foot in the Borough of Constitución
I was very close, inches close?
I was visiting

the exact location of the execution of Rodolfo W.
during the long winter of 2019,
before we learnt words like Zoom,
Social Distancing, and the particular
meaning of the word hero sponsored by The Who, not the
rock band, precisely.

Either I couldn't find
Rodolfo's home in Tigre, instead I found solace
contemplating a golf course
eating an *alfajor* Havanna
by the brown waters of Sarmiento River.

There are places in the world,
mythical places,
for Borges is the South,
for Homer Simpson is Springfield,
for Ulysses is Ithaca,
for Virginia is a room at her own
and for me is Constitución,

These are no real places,
they are buried metaphors in the heart of humans
and they will vanish
when Poetry become a deaf language
when humans forget why Rodolfo W. fought
with a gun and a typewriter

In Constitución
there is no treasure.
Every bystander is the bounty,
but that morning of March 25, 1977,
in the intersection of San Juan and Entre Ríos,
Rodolfito was the only bounty.

Recoleta

Y anhelamos el sueño y la indiferencia.
                    Jorge Luis Borges

I was just walking around.
For me, Recoleta
is like Machu Picchu:
a collection of dead stones.
That reminds me
of the stupidity of Wealth:
human stupidity.

I was just walking around,
burying a love's sorrow,

Why did I bring a dead stone, a love's sorrow, all the way
from Colorado to Argentina, with a short stop in Peru?

I am still asking myself that question.

A love's sorrow is like
an angel in the snow
A love's sorrow is like Recoleta
or Machu Picchu: a cheeseless pizza.

Poems by Paula GigliGiglio

Ciudad
Del libro En el cuerpo (Ed. Del Dock, 2016, Buenos Aires).

A mí se me hace cuento que empezó Buenos Aires:
la juzgo tan eterna como el agua y el aire.

J. L. Borges

1

Tie me to the city I was born
because otherwise I will blow myself
what does it mean to have a compulsion to look through
the window?
From the space
an astronaut observes the Earth
and there is a syndrome of staring at it, incessantly, per
hours.
In the quietness of this perspective effect,
I see a port, but beyond that,
there is a sweet spot in the corner
where I once walked wildly.
As a first encounter:
a giant where the estuary of the river seemed like a vein
and,
up to a point,
the blood of the city was the sea water.

2
My head adopts the size of the city
where it is based.
Here, intelligence is a facial gesture:
in the underground it looks as if everyone were able to find

themselves.
That is what their tasks say during the trip;
each of them are immersed in their own business,
lost in their accessories.
Individualism:
you know what they say from the countryside
with their 'rustic' accent.

3
Walking in San Telmo is like not arriving late.
The leather boats
bought in the fair
walking within a rhythm which doesn't come
from any known place.
It is raining:
all the same but with umbrellas.
Humidity is intensifying the odours,
even the ones from the smelly bin bags
hanging in the streets.
This is not a tourist walk anymore:
it is the neighbourhood where I would like to live
besides its counterparts.
Someday, at Defensa st.,
the people had to strike with saucepans:
about that, the rubbish doesn't matter.
I can image a daily life.
I could be the customer at Chicho Greengrocery
and live in that facing building.
If you give me the change I might buy
a cheap antiquity;
that is how I could spend my Sundays,
as this one flies like that.

Poem by Francisco Muñoz Soler

Properity Island

Hunger, despair, uprooting,
fertilise the helplessness,
dig the soul while distant songs of sirens are promising a
rainbow in vast lands,
as an island of prosperity with open doors.

An snowslide of rawness buries him at La Boca
while the gall devours his hope,
and this strange land hugs him outdoors with a bundle
or a load of children

He finds shelter in a conventillo,
and as a peasant
he lived in a stable
and now emulates his living to the pigeons,

crammed into a dark room trying
to avoid cholera or yellow fever,
looking through the skylight of the patio
in the wide sky, and he is still with the hope to destroy
this loop of misery:
the dream of the Americas returns.

He sings, mamma mamma, give me a hundred lyres,
because I want to go to America,
with the cleft chest of Buenos Aires
and the unfailing determination for better days,
dodging the reality
in which greed has turned an illusion into a chimera.

IV.
Entrevista destacada de la revista con Isabel Allende - 2021

/

Featured interview with Isabel Allende - 2021

Entrevista a Isabel Allende.

Por Francisco Javier Insa Garcia.

Isabel Allende: "Algunas anécdotas que me han pasado en la vida se las di a Violeta" (2022)

La literatura es un espacio de conflicto, un prisma poliédrico que refleja las coordenadas socioculturales del pasado y del presente. Un daguerrotipo que atrapa momentos, personas, historias, hechos que, sin ella, serían fugaces, invisibles, omisiones en el devenir del río de la vida. En el caso de Isabel Allende, la literatura siempre ha sido y es un lugar de denuncia y de lucha contra la injusticia. Así lo ha vuelto a demostrar con su última novela *Violeta*. Nos contaba la propia Isabel en la rueda de prensa internacional (España, Chile, Uruguay, Argentina EEUU, Colombia, México y Perú) ante 129 medios, el pasado día 24 de enero de 2022, que comenzó a escribir *Violeta* en enero de 2020, antes de la COVID-19, pero que la misma, le ofreció el marco temporal perfecto, un siglo, uniéndolo con la *influenza* española del 1918.

Confiesa que de su madre recibió la inspiración para Violeta. Su madre con la que intercambiaba cartas cada día y a la que adoraba; su madre era atrevida, bella, irónica, pero a diferencia de Violeta, no era independiente. No hay feminismo, reivindica, sin independencia económica. Violeta sí lo logra, tiene visión de futuro y la independencia y el amor son sus hojas de ruta.

La novela está impregnada de experiencias personales de la propia Isabel, el personaje de Miss Taylor nace de una institutriz que tuvo su madre, al igual que Teresa Rivas, inspirada en una amiga de la familia que convivía con otra mujer. Nadie pensó que eran lesbianas porque en aquella época, denuncia de nuevo, se pensaba que las mujeres eran menos sexuales y promiscuas que los hombres. Nadie hablaba de eso. El silencio como estigma.

La novela surge de forma espontánea (como *La casa de los espíritus*) y prácticamente, se escribe sola, sin anotaciones, sin mapa. Allende afirma que es una escritora de brújula; se deja llevar por las historia, por los personajes, por sus emociones, no sabe lo que va a pasar pero confía, tras cuarenta años escribiendo, en que la historia, la trama, llegará. Como en todo libro, siempre llegan las encrucijadas en las que hay que tomar decisiones y ser coherentes con las mismas, pero el Universo, la vida, se confabulan para enviarle exactamente lo que va necesitando su historia. El trabajo de iniciar un libro es como adentrarse con una vela en un lugar oscuro. Poco a poco se van iluminando los rincones y va apareciendo la historia, los personajes, la trama. Deja que la novela se vaya desarrollando de forma orgánica, sin un plan previo. El mejor momento, es cuando siente que Violeta se le escapa, quiere volar sola, si eso no pasa, significa que la novela no ha despegado todavía, no está lista, despega cuando pasan cosas que uno no espera.

Allende, firme defensora del feminismo ya desde los 80 y que cuenta con su propia fundación, crea personajes fuertes, que se empoderan, que luchan con uñas y dientes por su libertad, por su independencia como lo hace Violeta, la protagonista, a través de su viaje vital. Fuertes como Allende que nos relata con gran emoción en sus ojos, que de su hija Paula, en la novela, solo está la muerte de un personaje.

La interpelan en relación a la situación de la mujer hoy en día y sobre cómo inspirar a las nuevas generaciones. "Mucho se ha avanzado en este lado del mundo, contesta, pero no podemos hablar globalmente; todavía hay niñas de ocho años a quienes casan con hombres de cuarenta y cinco en matrimonios concertados, sometidas a la servidumbre doméstica, golpeadas, niñas y mujeres que son "carne de cañón" en las guerras, en la ocupación, en los campos de refugiados, prostíbulos, en las crisis económicas. Falta mucho por hacer todavía". Es cierto que hay literatura infantil y juvenil en la que no hay héroes, sino heroínas, mujeres que no necesitan ser rescatadas, mujeres que se reconquistan así mismas. "Solas somos muy vulnerables, juntas invencibles", concluye.

No teme la exposición, como le advertía su madre; "no lo cuentes todo, guarda algo para ti". La escritora se expone en cada libro que escribe, de forma que solo se es vulnerable si se guardan secretos, no si los cuenta. Los secretos son el peligro, no la humanidad que conlleva el error y su confesión.

Isabel Allende, me contesta (no puedo evitar emocionarme ante ella), que no hubiera sido escritora si no hubiera sufrido el exilio, que seguiría siendo periodista. Una profesión que amaba porque la acercaba a la gente y la situaba en el mundo. Hacerse escritora fue la forma de seguir contando (denunciando), de volver a pisar tierra firme y poder mirar alrededor. Su hogar está donde está su familia, pero lleva a Chile bajo su piel, grabada a fuego. Un Chile "inventado", porque no reconoce al Chile de hoy, se siente extranjera en un país que no identifica con el de su infancia. Vive de la nostalgia de ese Chile que ya no encuentra, por eso lo rescata en sus novelas. Aunque nunca cita el lugar en concreto, como hace en *Violeta*, para no cosificar la historia, y poder vertebrarla a su antojo y que pueda ser un lugar en cualquier parte.

Allende, que guarda otra novela en el cajón, vive feliz con su marido y sus dos perros en una casa pequeña en California, porque "cuando uno llega a viejo, quiere simplificar". En su mesilla, reposa *The winter soldier* de Daniel Mason. Isabel, se confiesa una romántica empedernida. El amor es el motor de la vida, de sus novelas, de su mundo, de su Chile querido. Sin amor, no hay vida. Sin amor, no existiría Violeta.

Featured Interviews (2021)

'Some anecdotes that happened to me in life were part of Violeta's character development'

Isabel Allende on Violeta, her recent new novel.

Isabel Allende's literary work has always been a place to denounce and fight against injustice. This fact has been demonstrated once more in her recent novel, *Violeta*. Isabel Allende told us – at the international press conference with presence across Europe, Latin America and United States, in front of 129 media representatives – that she began to write *Violeta* in January 2020, just before COVID-19. In her view, starting just before the pandemic crisis was the perfect time frame, and consequently, she found herself able to link this current pandemic to the 'Spanish' flu of 1918. During the press conference she also confessed that her mother was an inspiration to her, and her memories helped her to build the main character of her novel, *Violeta*. Isabel used to exchange letters with her mother every day, but although her mother was daring, beautiful and sometimes ironic, unlike *Violeta*, she was not actually an independent woman. 'There is no feminism,' she claims, 'without economic independence.' In this sense, *Violeta* has a vision of the future along with independence and love which are her roadmaps; and that's likely the reason behind her success.

The novel is impregnated with personal experiences of Isabel herself, and the character of Miss Taylor was born from a tutor that her mother had, like Teresa Rivas, inspired by a family friend who lived with another woman, 'nobody thought they were lesbians because at that time,' she denounces again, 'women were thought to be less sexual and promiscuous than men.' Nobody talked about it and silence functioned as an stigma.

Violeta's cover by Isabel Allende (Penguin, 2022)

The novel's development was built spontaneously, in the same way as *The House of the Spirits*, and practically, it wrote itself without annotations, without a map. Allende affirms that she is a spontaneous writer who lets herself be carried away by the story, by the characters, by her emotions. She doesn't know what is going to happen next, but she trusts, after forty years of writing, that the story, the plot, will come to pass. As in every book, there are always crossroads where the writer has to make decisions and be consistent with them, but the universe or life will eventually collude to send you exactly what the story needs. Starting a book is like entering into a dark place with a candle: step by step the corners become illuminated, and at some point, the story, the characters, and the plot show up. Isabel explains that she lets the novel unfold organically without having a prior plan. The moment she enjoys the most about this process is when she feels her characters are running away from her and they want to fly alone. From Isabel's perspective, if that doesn't happen, it means that the novel hasn't taken off and it's not ready yet. The novel takes off when unexpected events take place.

Allende, a committed supporter of feminism since the 1980s, creates strong characters who empower themselves and fight tooth and nail for their freedom and independence. That is how Violeta, the protagonist, acts through her life's journey as well. Violeta is as strong as Allende herself.

During the conference, Isabel was also asked about her views in relation to women's situation today and how to inspire new generations. 'Much progress has been made on this side of the world about women's situation,' she answers, 'but we cannot speak globally. There are still eight-year-old girls who are married to forty-five-year-old men in arranged marriages, subjected to domestic violence, being beaten or suffering. There are girls and women who are "cannon fodder" in wars, in occupation, in refugee camps, brothels, in economic crises. There is still much work to do.' She then concludes, 'Alone we are very vulnerable, together we are invincible.'

Isabel is not afraid of exposure. Her mother used to warn her, 'Don't tell everything, keep something for yourself.' However, Isabel believes, after exposing herself in many books, that we are only vulnerable if we keep secrets, not if we tell them. Secrets are the real danger and not the humanity that their confession entails.

Allende told *La Ninfa Eco* during the press conference that she wouldn't have been a writer if she hadn't suffered exile, and she likely wouldn't have become a journalist – a profession that she loves because it brings her closer to the people. Becoming a writer was the only way she found to keep denouncing injustice, to return to a solid ground and to be able to look around her. For her, a real home is where her family is, but she carries Chile under her skin – an 'invented' Chile, because it does not represent the actual Chile. Isabel told us that she feels like a foreigner, as she does not identify with her current home country: it does not match what she has experienced in her childhood.

Isabel lives in the nostalgia of a Chile that she no longer finds, but she tries to rescue it in her novels. She never mentions a specific place in them, just as she in *Violeta*, in order to avoid being objective with history and to enable it to be a place anywhere.

Isabel Allende told us that she is keeping another novel in her drawer, and that she lives happily with her husband and their two dogs in a small house in California, because 'when you get old, you want to simplify things.' On her

bedside table rests The Winter Soldier by Daniel Mason.
Finally, she confessed to being a hopeless romantic. Love
is the engine of life, of her novels, of her world, of her
beloved Chile. Without love, there is no life. Without love,
Violeta wouldn't exist.

V.
La literatura en tiempos de colapso

Llamada abierta (2020)

/

Writing in Difficult Times

La Ninfa Eco Open Call
(Spanish only - 2020)

Prólogo

Por Alejandro López Pomares

En los tiempos de crisis siempre acaban surgiendo grandes obras; el ser humano revela nuevas caras, las más amables y las más terribles; la economía y la política descubren sus debilidades y mezquindades; el contacto humano que creíamos obsoleto vuelve a erizarnos la piel; nos sorprenden nuevos sonidos, las voces de los vecinos a través de las paredes, el peso del silencio al pisar la calle.

Y yo aquí, sentado ante el ordenador, se me viene noche tras noche, y el tiempo, en toda su espesura, en toda su lentitud, sin explicación, se vuelve fugaz. El colapso. El aburrimiento, tan extenso, por extraño que parezca, nos hace llegar al final del día con la lengua fuera. Sentado aquí, digo, me escribe un amigo, "¿qué está sucediendo? se nos escapan los días en una frustración encadenada".

No ha hecho mucha falta mirar a nuestro alrededor —y los medios remiten a ello de forma casi enfermiza—, para entender que cada pequeña situación individual, aunque diluidas en la maraña de discusiones diarias entre la evidente teoría de la conspiración y la no menos evidente mutación natural, se convierte en un paradigma, en la trama de esta, repito, gran obra.

Es, quizás, este momento, este mes y medio o más de encierro, a lo largo del globo, la suma de argumentos solapados más contundente de la última década (la crisis de 2008 ya dejó su relato en toda esta generación). Es el individuo hecho modelo por extensión, porque los problemas nos están golpeando ahora a todos, y tu responsabilidad, por fin, ha dejado de repercutir solo en ti.

Digo, entonces, repito, que si cada persona es un personaje, que si cada tiempo, cada 40 días de encierro, lo cercamos en no demasiadas palabras, que si el mal, y también el bien, de muchos, es el mal, y según el punto de vista, también el bien, de todos: cada pequeño relato tiene ese algo de verdad absoluta. Y yo sigo sin poder escribir, se me pasan los días y los folios en blanco, pero de alguna forma he mirado más profundamente al vecino y le he reinventado una vida. He escuchado el mensaje a megáfono del coche de policía, en medio de una calle desierta, y me he creído viviendo un mundo postapocalíptico; he saturado de memes mi móvil y he hecho el esfuerzo de imaginar en cada salón, de cada casa, el desgarro de la incertidumbre.

No creo que la gran obra que esté por venir sea el relato definitivo de nuestro tiempo, es que quizás de las épocas de crisis, lo que viene es el cambio hacia formas nuevas.

Hace unos 100 años, en plena pandemia de guerras mundiales y gripes españolas, se abrieron las grietas de las tradiciones literarias y las revistas le tomaron el pulso a la edición de peso, como los colectivos se multiplicaron y buscaron cobijo en locales de cualquier tipo. Las vanguardias nos acostumbraron a lo nuevo (a su propia nueva normalidad). En la España del momento, afloraron el ultraísmo y el postismo, las revistas literarias y su permiso a la brevedad sostuvieron lo poco que había por sostener y en pleno franquismo se lanzó, desde la revista

La cerbatana, el primer concurso de microrrelatos en la historia del país. Corría el año 1945.

Aquí y ahora, en nuestro 2020, tan posmoderno, globalizado y tecnológico, también inmersos en sofisticadas guerras mundiales, que no terminan nunca y que no creo que ya casi nadie ponga en duda, hemos tenido nuestra propia pandemia y nos hemos vuelto a retraer. La sociedad se detuvo de golpe y creo que muchos necesitamos por lo menos dos semanas para salir del letargo. Pero al tiempo que las fronteras se impermeabilizan, la literatura ha ido recorriendo los bits de medio mundo, fluyendo como la niebla amarilla de T.S. Eliot, desplegándose por las calles, enroscándose en los edificios y entrando por algún hueco de nuestras ventanas. Nos llegaron las cadenas de poemas anónimos; se avivaron los debates sobre la perversidad del pdf y la frivolidad de la edición digital; brota de forma expansiva la literatura en forma de *tweet* y de *bot*, que posiblemente se acaben quedando y asentando como nuevos géneros narrativos. Es que nuestro tiempo lo pide, las mil y una formas de la brevedad son posiblemente el signo más esclarecedor de estar viviendo en un mundo de territorios hiperdilatados, pero de experiencia instantánea y efímera. Por ello, el microrrelato, aceptando su confuso historial, enmarañado entre la amplia horquilla que va del cuento al aforismo, pero con su dosis justa de narratividad e inmediatez, puede encontrar aquí, al fin, su clímax.

En esta convocatoria quisimos abrir un diálogo, conocer la situación de un mundo inmenso en esas pequeñas porciones. Optamos por ello por el microrrelato, por su necesidad de sacarlo, no sé si del ostracismo o de su carácter ambiguo, pero sobre todo por su potencia e intensidad; por su fuerza dramática, humorística, concentrada en el giro inesperado; su baile sin complejos entre lo realista y lo fantástico, por el uso vacilante del silencio y la depuración de las palabra.

Por su título, el microrrelato nos hace volver al principio nada más terminado y desentrañarlo con nuevos ojos, como este bucle temporal que vivimos en el que cada día se parece tanto al anterior, pero nos deja la sensación de haber superado algo. Pensamos que cada pequeña historia, con su tanto de verdad absoluta, nos permitiría construir esta gran obra de nuestro tiempo, que no será ya la novela, la gran novela que necesita su largo plazo y su perspectiva, sino el relato colectivo, como dije, la suma de argumentos, de cientos, de miles de pequeñas escenas. Tampoco fuimos los únicos. Sentado a mi mesa, otra vez, descubrí que, casi al mismo tiempo, convivimos con decenas de concursos sobre este género. Algo viene a decirnos. En la literatura, la brevedad, la instantaneidad, están pidiendo paso. Recibimos 112 relatos en lo que andábamos entre prolongación de un estado de alarma al siguiente, de 79 autores y 13 países diferentes. El apoyo fue considerable y creemos haber ayudado, desde el nuevo panorama que abre una revista literaria digital en estos tiempos, con su pequeñez y, al mismo tiempo, su inmensidad, a incitar la escritura de estas vivencias, a combatir la desidia de estos días, ahora más que nunca, a construir el relato del colapso.

Contaría de qué hablaron cada uno de los textos, pero mejor les doy paso, mejor los leen y ya deciden si transitaron o no por ellos. Aquí les dejamos los 10 textos seleccionados. Enhorabuena a los elegidos y mil gracias a todos los que participaron.

1) "Pecera" de Paula Yeyati Preiss

Las noticias de afuera que escuchamos los primeros días nos angustiaron. Fuiste vos el que propuso apagar los celulares y guardarlos.

Al principio nos sentíamos extraños, como si nos hubieran amputado un brazo, pero nos apoyamos el uno en el otro y soportamos esa pérdida.

Yo era la única que salía al exterior. Ya habían pasado varios días desde el anuncio cuando finalmente me enteré, yendo al almacén. Escuché a dos señoras charlando muy cerca la una de la otra sin bolsas, ni barbijos, ni perro. Hablaban sobre sus nietos, sobre el alivio que había sido ir a verlos. Observé la calle, convulsionada de gente.

Volví a casa corriendo.
—¿Algo nuevo en el mundo apocalíptico de hoy?
—El almacén estaba cerrado. Pruebo de nuevo mañana —
te dije.
Me resultó muy fácil mentirte.

2) "Cuarentena de los pobres" de Nilton Maa Lavado

Mis vecinos confunden la tos de mis hijos con esta nueva plaga que nos acecha. "No es el covid" les digo, pero no me creen y cierran sus ventanas. A nadie le importa la tos del hambre. La pobreza es una enfermedad mucho más letal y a nadie envían a cuarentena a causa de ella. También tengo hambre, pero no me dejan salir. No he cerrado los ojos recordando el sonido de esos estómagos pequeños. Ya no tengo más plata en el hueco de la pared. En un par de horas llegará la mañana, si tengo suerte podré vender algo. Ya no me importa si me contagio. La gente siempre juzga. "Irresponsable", dirán; "pobres niños", dirán. Pero los pobres siempre morimos primero.

3) "Exceso de noticias" de Karla Armas

Día y noche esa televisión pasaba prendida. No importaba el dolor de cabeza o la desconexión que tenía con ella.

Nunca se apagó. Intenté desconectarla. No funcionó. La pantalla se mostraba obscena ante mí. Entre el miedo de que me haya vuelto loco y el entender que ella necesitaba que la viera pasaron 3 días. Luego solo me dediqué a limpiarla, mirarla todo lo que podía. Las noticias parecían empezar a hablarme. Si yo pensaba en salir, me contaba de los contagios extraños de Hong Kong. Si me ponía triste, empezaba inmediatamente una noticia sobre las bondades de una anciana en Luisiana que atiende a animales en medio del campo. Me enamoré sin darme cuenta. Fue una cuestión de tiempo que ella me pidiera los ojos como ofrenda. No dolió sacármelos, pero no logro cicatrizar del todo el izquierdo, como verá, doctor. Por eso he venido.

4) "Scroll" de Juan Matías Tarruela

La historia de lo pequeño se vuelve un imperio: el devenir de un grillo en una planta, un rugido lejano, una grieta nueva en el revoque o una flor amarilla surgida de una pequeña planta que nunca antes había florecido; atrevida y oportuna. Mover un mueble de lugar es un evento; pisar al grillo, un magnicidio. Irrumpimos así el espiral del encierro, ese *loop* infinito y monocorde en donde todo —la risa, el llanto, la tragedia y el espanto— adquiere textura de pantalla. No sabemos si es lunes o sábado, tenemos que pensar. El tiempo ocupa otro lugar, la narración lineal se vuelve confusa. Tánatos y Eros atrofiados por el tik-tak/tik-tok del teclado que suena a reloj. Un reloj derretido que no avanza ni retrocede. El futuro tiembla: scrollearemos nuestra suerte.

5) "Amor" de Dallan Ruiz Prada

¡Bésame con locura! Le suplicó la hermosa princesa. Y el sapo por temor a contagiarse, prefirió ser sapo por siempre.

6) "Peseta y Baco" de Lluïsa Lladó

Nunca salíamos, cualquier excusa era buena para no socializar, porque vivíamos con la santidad del ahorro y si le recriminaba su tacañería acabábamos como el rosario de la aurora, al no coincidir en el término de lo que suponía fortaleza o rancidez.

La verdad, éramos polos opuestos, ya que las marcas blancas nunca entraban en mi despensa y usaba perfume para ambientar la casa.

Cuando decretaron el estado de alarma temí un recorte de Pedro (que así se llama mi pareja) con esa metodología que estoicamente yo, Pablo, asumía al estar casado con un rácano.

Pero, en aquel trance, Pedro confesó que deberíamos haber disfrutado más de la vida y besándome prometió que cuando la pandemia de los cataplines terminara, iríamos a París a comer cruasanes; a cambio, agradecí su previsión y comprendí que era una falsa promesa, porque lo suyo era una cojera económica de nacimiento.

7) "Sala de recuperación" de Edmundo Cordero

Todos pensaron que Cecilia lloraba de felicidad al ver que aquel llegaba a visitarla, pero en realidad Cecilia lloraba por la impotencia de no poder romperle las piernas al imbécil que, hacía meses, la había engañado con otra por tener aquella enfermedad.

8) "Febrero 2020" de Diego Palacios Marxuach

Un día más. Van cincuenta. El sol embiste cabronamente contra mi almohada. Me levanto. La pereza no debe derrotarme. Un mes sin cobertura, y radio y televisor inutilizados desde la tempestad. El tiempo muere más lentamente y ansío volver a los brazos de mi mujer. ¿Cuándo? Cumplo escrupulosamente la rutina autoimpuesta desde que llegué: desayuno, limpieza, ejercicio, comprobaciones de rigor, comida, lectura,… borrachera… Cualquier cosa para no enloquecer; mantenerme en forma y no caer en la desidia y la gula. Incluso raciono los víveres. Cuando me aventuro a dar un paseo, el viento me escupe retazos de mar.

Y siempre soledad a mi alrededor. Soledad sin saber si el mundo sigue girando. Y más soledad... Hasta Tom Hanks tenía un Wilson… ¿Cuándo llegará el relevo que me exilie del forzoso confinamiento de este anticuado faro?

Y así transcurre un día más, otro día menos. ¿Alguien viene? Prepararé la escopeta.

9) "Señales de humo" de Mario Flores

No nos conocíamos, hasta que el encierro nos obligó a prestarnos atención: salías a tu balcón a recibir el sol. Yo hacía lo mismo por mi lado en el edificio de enfrente, regando las plantas que me hacían compañía. Una tarde coincidimos y nos saludamos tímidamente a lo lejos: como diciendo "Ey, otro humano luchando su propia soledad". No disponíamos de redes invisibles que nos permitieran una visita fugaz, así que jugamos con fuego: nos enviábamos señales de humo con formas de animales. Me regalabas aves que se desvanecían en el viento, y yo te mandaba gatos que trepaban hasta tu departamento. Un día, me llegó un pulpo que me abrazó a ocho brazos, y después no te vi más. Pensé que habrías elegido encerrarte para siempre. O quizás, mi última señal con la forma de un jaguar hambriento, te había saltado al cuello.

10) "Aprendizaje" de María Gabriela Cárdenas Monge

Mientras los niños jugaban nos miramos en silencio al escuchar aquel sonido extraño. Era el aleteo proveniente de unas mariposas azules volando en trayectoria constante del árbol a la banca, luego al columpio y de regreso a la vida. Parecía que aprendían de nuevo a volar, mientras nosotros aprendíamos de nuevo a observar.

VI.

La Ninfa Eco

#Cryptopoetry

Llamada abierta 2021

/

La Ninfa Eco

#Cryptopoetry

Open call 2021

Sin título (Diego V. Santurión: Ganador*[4])

Como el efímero haz de luz de un faro
así en la noche tu rostro vi a lo lejos.
Era tormenta lo que me presagiaban
mas no hay nubes que opaquen tus destellos.

Sin título (Jessica G.)

si me arranco la piel,
entonces podría silenciar
la caricia punzante
trazada por tu ausencia.

De Marea de Aceite de Ballenas (Romina Freschi)

ruido de lata
sueño
delaciones.

Sin título (Carolina Sánchez)

El mundo era un acuario,
éramos peces terrestres,
navegábamos por el bosque.
¿Estábamos adentro o afuera?

---

4 Este cryptopoema fue el cryptopoema más votado por nuestros lectores a traves de nuestras redes sociales.

Desdén (Patt Jawerbaum)

Lo que te des den: saludarte al espejo
Lo dejas diciendo: Todavía estoy
A este lado de mí misma.

Sin título (Amanda Pazmino T.)

He visto cómo Dios
abriga tus sueños
a cada madrugada
en el milagro del silencio

Haiku Azul (Luis Correa-Diaz)

La lluvia moja
Mi corazón azul,
So be it, me digo.

Agradecimientos

Dar las gracias es sentirse en estado de gracia o gratitud. Así nos sentimos en La Ninfa Eco por esta hermosa publicación que nos recuerda y también actualiza, varios años de dedicado trabajo en favor, no precisamente de nosotros mismos, sino de la comunidad humana, tan necesitada, sobre todo en estos tiempos, de un abrazo, una palabra de aliento, un cuento, un poema. Escribía y leía Octavio Paz en su discurso de aceptación del Premio Nobel la palabra "gracias". En una palabra se resume de una manera mágica y sorprendente el misterio de la civilización humana. Así, el equipo de La Ninfa Eco, ejemplo vivo de la comunidad humana, les da las gracias a todos los escritores que nos confiaron con amor y cariño sus textos: gracias a cada uno de ustedes que produce y da de comer al espíritu con su arte generoso y humano.

Acknowledgements

Giving thanks is a feeling of gratitude. This is how we feel at La Ninfa Eco about this book: it reminds us of several years of dedicated work in favor, not precisely of ourselves, but an international community of writers. Octavio Paz wrote and read the word "thank you" in his Nobel Prize's speech. In this little word the mystery of human civilization is summarized in a magical and surprising way. Thus, in the same way we would like to say a big thank you to all the writers who trusted us with with their texts: thanks to each one of you who produces and feeds the literary world in a generous way.

Printed in Great Britain
by Amazon

29217598R00106